El Currículo Creativo *para* educación preescolar

Guía de enseñanza

Para comenzar el año

Kai-leé Berke, Carol Aghayan, Cate Heroman

TeachingStrategies® · Bethesda, MD

Edición de la versión en inglés: Lydia Paddock, Jayne Lytel
Diseño y diagramación: Jeff Cross, Amy Jackson, Abner Nieves
Traducción al español: Claudia Caicedo Núñez
Edición de la versión en español: Judith F. Wohlberg, Alicia Fontán
Diseño de la portada: Laura Monger Design

Teaching Strategies, LLC.
7101 Wisconsin Avenue, Suite 700
Bethesda, MD 20814

www.TeachingStrategies.com

978-1-60617-409-8

Library of Congress Cataloging-in-Publication Data

Berke, Kai-leé.
   [Creative curriculum for preschool teaching guide beginning the year. Spanish]
   El currículo creativo para educación preescolar guía de enseñanza para comenzar el año / Kai-leé Berke,
Carol Aghayan, Cate Heroman ; [Spanish translation, Claudia Caicedo Núñez].
      p. cm.
   ISBN 978-1-60617-409-8
   1. Preschool teaching. 2. Readiness for school. I. Aghayan, Carol. II. Heroman, Cate. III. Title.
   LB1140.3.B4718 2011
   372.1102--dc22
                    2011011329

2 3 4 5 6 7 8 9 10   20 19 18 17 16 15 14

Impreso y encuadernado en los Estados Unidos

Reconocimientos

Muchas personas contribuyeron a la creación de esta *Guía de enseñanza* y sus instrumentos de apoyo a la enseñanza. Queremos agradecer a Hilary Parrish Nelson por su orientación como directora editorial, a Jo Wilson por ayudarnos pacientemente a mantener el enfoque y a Hilary y Jan Greenberg por la revisión cuidadosa y detallada que hicieron del contenido, lo cual enriqueció el producto final.

Sherrie Rudick, Jan Greenberg y Larry Bram merecen un reconocimiento especial por crear la primera *Colección de literatura infantil* de Teaching Strategies. En conjunto con Q2AMedia, ellos crearon el concepto para cada libro y supervisaron el proceso de desarrollo de principio a fin. Su arduo trabajo, creatividad, paciencia y atención al detalle se hacen evidentes en el producto final.

Agradecemos a la doctora Lea McGee por su dirección, revisión y sugerencias para nuestras *Tarjetas: Hablemos de libros*. Con base en su investigación sobre estrategias de lectura en voz alta, Jan Greenberg y Jessika Wellisch crearon un conjunto de valiosas tarjetas de guía para comentar los libros.

Gracias a Heather Baker, Toni Bickart, y al doctor Steve Sanders por escribir más de 200 *Tarjetas de enseñanza intencional*, alineando cuidadosamente cada secuencia de enseñanza con la progresión del desarrollo correspondiente y asegurándose de que los niños reciban la instrucción individualizada que necesitan para tener éxito al aprender. Le agradecemos a Sue Mistrett por revisar cuidadosamente cada tarjeta y agregar estrategias para incluir a todos los niños.

Traducir *Mega Minutos* al español, asegúrandose de que el texto fuera lingüística y culturalmente apropiado, no fue un trabajo fácil. Gracias a nuestro dedicado equipo de escritores y editores, incluyendo Spanish Educational Publishing, Dawn Terrill, Giuliana Rovedo y Mary Conte.

Gracias a nuestro magnífico equipo editorial: Toni Bickart, Lydia Paddock, Jayne Lytel, Diane Silver, Heather Schmitt, Heather Baker, Judy Wohlberg, Dawn Terrill, Giuliana Rovedo, *Victory Productions*, Elizabeth Tadlock, Reneé Fendrich, Kristyn Oldendorf y Celine Tobal, quienes revisaron, refinaron, cuestionaron y algunas veces reescribieron nuestro material, mejorando cada página que corrigieron.

Gracias a nuestro equipo de servicios gráficos por crear un diseño atractivo y accesible para nuestro contenido. Apreciamos profundamente la visión creativa de Margot Ziperman, Abner Nieves, Jeff Cross y Amy Jackson.

También aprendimos bastante sobre árboles mientras escribíamos esta *Guía de enseñanza*. Gracias a Back Vandersteen, el director ejecutivo de Louisiana Forestry Association por responder todas nuestras preguntas.

El *Latino Advisory Committee* merece nuestro gran aprecio por hacernos reflexionar continuamente en las formas de apoyar a los niños de habla hispana y por guiarnos a través del proceso del desarrollo. Gracias a la doctora Dina Castro, la doctora Linda Espinosa, Antonia Lopez, la doctora Lisa Lopez y la doctora Patton Tabors.

Queremos reconocer a Lilian Katz y Sylvia Chard por su estimulante trabajo sobre el tratamiento de proyectos, el cual enriqueció nuestras ideas sobre un currículo de calidad para niños pequeños.

Lo más importante de todo es que nada de esto habría sido posible sin la dirección visionaria de Diane Trister Dodge. Su hábil liderazgo y su dedicación a los niños pequeños y a sus familias es la fuente de inspiración de todo lo que hacemos en Teaching Strategies.

Contenido

Para comenzar

Introducción

¡El comienzo del año escolar es un momento emocionante! Esta *Guía de enseñanza* contiene una colección de planes diarios que lo ayudarán a empezarlo correctamente. Durante las primeras semanas del año escolar, usted estará ocupado ayudando a los niños cuando se despiden de su familia, se familiarizan con las rutinas del salón de clase y la escuela, y aprenden a sentirse cómodos siendo miembros de la comunidad del salón de clase, a la vez que mantienen una relación segura con el hogar.

Ya sea que los niños sean nuevos en el programa preescolar o no, considere probable que muchos experimenten emociones fuertes: miedo, ansiedad, entusiasmo extremo, tristeza o frustración. A lo largo de esta *Guía de enseñanza,* encontrará estrategias para apoyar el desarrollo socioemocional de los niños mientras empiezan a sentirse cómodos en su nuevo entorno. El tiempo que dedique ahora para crear relaciones con los niños y sus familias está bien invertido, y lo recompensará con interacciones positivas a lo largo del año.

Los niños pueden tener muchas preguntas a medida que recorren sus nuevos entornos. Hemos elegido las seis que consideramos típicas y las usamos para estructurar las conversaciones y el aprendizaje que tendrán lugar en su salón de clase durante las cinco primeras semanas. Para la última semana, encontrará una colección de planes diarios que puede usar para guiar un mini-estudio con los niños sobre los sonidos que oyen en la escuela. Durante este estudio semanal, usted guiará a los niños a través del proceso de generar las preguntas que ellos tengan, de investigar esas preguntas y de celebrar su aprendizaje.

Prepararse para los primeros días de escuela

Planear con cuidado los primeros días del año escolar puede facilitar la transición y ayudar a los niños a sentirse más a gusto y seguros. Si usted anticipa las necesidades de ellos, estará mejor preparado para cuando lleguen y podrá ofrecerles la ayuda necesaria.

Algunos niños que han tenido experiencias previas en ambientes en grupo pueden haber adquirido las destrezas necesarias para ser miembros de una comunidad de un salón de clase. Para otros niños, el preescolar podría ser su primera experiencia alejados de casa y en un grupo.

En cualquiera de estos casos, considere probable que los niños se pregunten qué les espera. Para informarse más acerca de cómo planear los primeros días de escuela, consulte *El Currículo Creativo para educación preescolar, Volumen 1: Fundamentos, capítulo 4.*

Con el fin de ayudarle a prepararse para los primeros días de escuela, en esta guía se incluye una lista de control de pasos necesarios. Sin embargo, puede ser que no todos sean aplicables a su situación particular. Cuando sea necesario, agregue pasos a la lista. Recuerde que el tiempo que invierta planeando y preparándose para los primeros días de escuela le servirá para que los primeros días transcurran sin contratiempos y para facilitar que los niños hagan la transición al ambiente escolar.

Dé la bienvenida a las familias al programa

- ☐ Obtenga información para contactar con las familias.

- ☐ Revise la información sobre la familia y el niño. Anote información necesaria para tener un contacto significativo en la reunión inicial.

- ☐ Formule un plan para archivar la información del niño y la familia.

- ☐ Envíe una carta de bienvenida al niño y la familia. Para obtener un modelo que podrá ayudarlo a empezar la carta, consulte el CD-ROM que contiene materiales para fomentar la conexión con la familia.

- ☐ Ponga a la vista una foto suya y de su asistente, así como de las demás personas que serán responsables del cuidado de los niños. Incluya un resumen breve acerca de usted.

- ☐ Para obtener ideas con el fin de conocer a las familias y hacerlas sentir bienvenidas en su programa, consulte *El Currículo Creativo para educación preescolar, Volumen 1: Fundamentos,* capítulo 5.

- ☐ Planee un sistema de comunicación continua con las familias, p. ej., un tablero de mensajes diarios, llamadas telefónicas o correos electrónicos semanales. Para obtener ideas con el fin de comunicarse con las familias, consulte *El Currículo Creativo para educación preescolar, Volumen 1: Fundamentos*, capítulo 5.

Organice el entorno físico

☐ Consulte los siguientes recursos para organizar el entorno físico.

- "Dotación del salón para 20 niños de edad preescolar" en el CD-ROM *Classroom and Family Resources.*
- *El Currículo Creativo para educación preescolar, Volumen 1: Fundamentos, capítulo 2*
- *El Currículo Creativo para educación preescolar, Volumen 2: Áreas de interés*

☐ Dibuje un plano del salón y pida comentarios de su mentor y/o sus colegas.

☐ Organice los muebles básicos del salón de clase.

☐ Revise los materiales del salón de clase para saber si hay algunos que deben ser reemplazados o comprados.

☐ Mantenga una lista de materiales que desearía adquirir, en orden de importancia.

☐ Rotule los materiales del salón de clase. Para orientación, consulte *El Currículo Creativo para educación preescolar, Volumen 1: Fundamentos y Volumen 2: Áreas de interés*

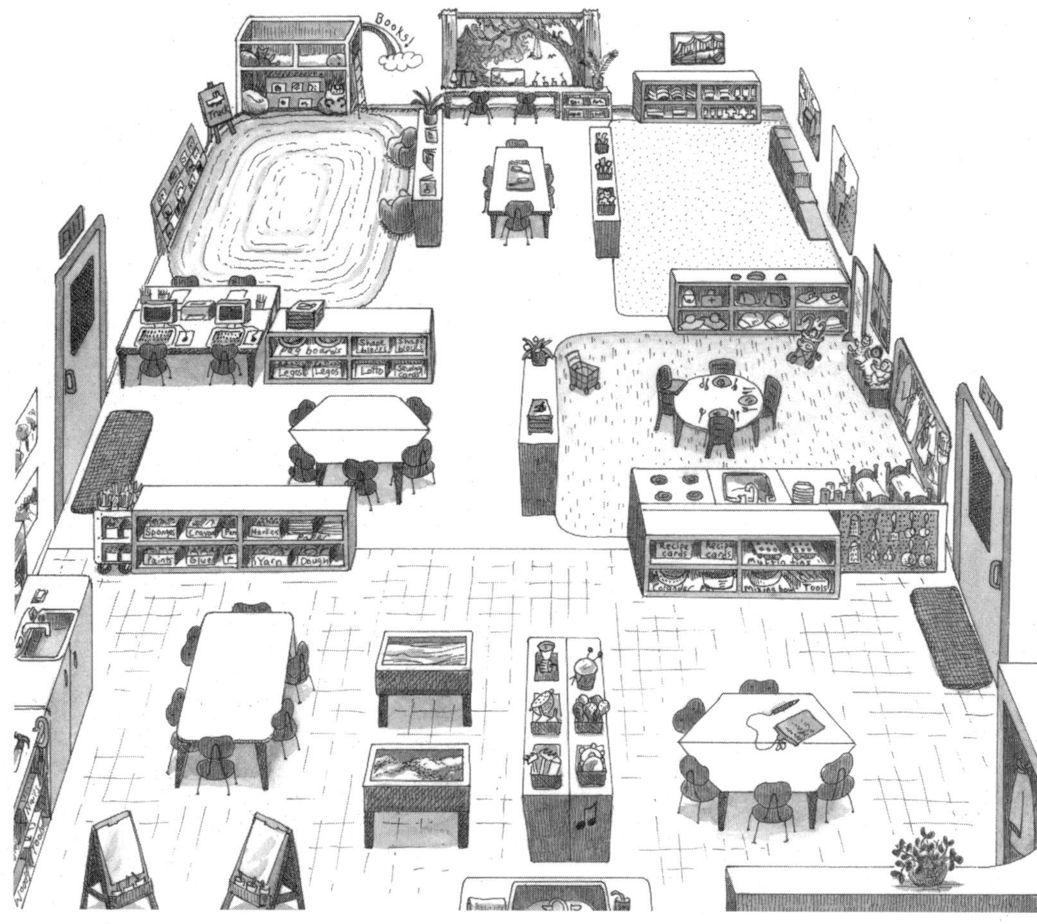

Organice el entorno físico, continuación

- [ ] Revise los materiales disponibles actualmente en el salón de clase:
  - Remueva cualquier material que no sea utilizable, por ejemplo objetos con partes que estén rotas o que falten.
  - Organice los materiales según las áreas de interés.
  - Para cada área de interés, seleccione un número limitado de materiales que serían más apropiados para el comienzo del año escolar, p. ej., materiales de usos múltiples e indefinidos, materiales conocidos y materiales que requieran sólo poca supervisión.
  - Rotule y guarde el resto de los materiales.

- [ ] Revise los materiales para asegurarse de que se relacionen directamente con las experiencias de los niños y que no reflejen estereotipos. Tenga en cuenta los antecedentes familiares de los niños cuando seleccione los materiales y planee las experiencias de aprendizaje.

- [ ] No se olvide de usar los materiales "encontrados" que hagan más cómodo y atractivo el ambiente, como elementos de la naturaleza.

- [ ] Para hacer que su espacio sea cómodo y atractivo, revise y aplique las pautas ofrecidas en *El Currículo Creativo para educación preescolar, Volumen 1: Fundamentos*, capítulo 2.

- [ ] Verifique que haya un lugar para guardar todo con el fin de evitar el desorden.

Planifique su horario diario

- [ ] Averigüe el horario de la escuela o del centro educativo y cuál es la hora fijada para lo siguiente:
  - La llegada y la salida
  - Las comidas y meriendas
  - Tiempo al aire libre
  - La siesta o el descanso
  - Otros factores que tendrán un impacto en el horario de clase

- [ ] Para ver una variedad de horarios, consulte *El Currículo Creativo para educación preescolar, Volumen 1: Fundamentos*, capítulo 2, y el apéndice.

- [ ] Haga un borrador de su horario diario. Comience con los periodos "fijos" como la llegada, la salida, el almuerzo y otros eventos.

- [ ] Incluya periodos para la reunión con todo el grupo, la hora de escoger actividades, los grupos pequeños, la lectura en voz alta y la reunión final.

- [ ] Haga su horario diario usando ilustraciones y palabras. Lea el ejemplo ofrecido en *El Currículo Creativo para educación preescolar, Volumen 1: Fundamentos*, capítulo 2. Si es posible, use fotos de los niños en el salón de clase. Ponga el horario cerca del área para reunirse con todo el grupo para consultarlo con facilidad y usarlo con los niños.

Planifique cada momento del día

La llegada y la salida

☐ Proporcione un registro diario para que los niños escriban o garabateen su nombre cuando llegan. Para obtener ideas consulte en las *Tarjetas de enseñanza intencional de El Currículo Creativo para educación preescolar:* Enseñanza Intencional LL42, "El registro diario".

☐ Proporcione una hoja para que las familias registren a sus hijos y colóquela al lado de la hoja de registro de los niños. Use Enseñanza Intencional SE02, "¡Mira quién está aquí!", para crear su rutina inicial.

☐ Cree una planilla de asistencia interactiva apropiada para la edad de los niños con el fin de usarla durante la reunión con todo el grupo.

☐ Consulte Enseñanza Intencional SE07, "La separación de padres e hijos", donde encontrará estrategias para ayudar a los niños a la hora de llegada.

Todo el grupo

☐ Decida lo que incluirá en su rutina inicial, p. ej. usted podría cantar una canción de bienvenida y luego revisar la planilla de asistencia de los niños antes de hacer comentarios acerca de su tema de estudio. Si en su programa se requiere recitar el *Juramento a la bandera*, usted podrá hacerlo durante la rutina inicial.

☐ Consulte los *Mega Minutos* donde encontrará canciones de bienvenida, como Mega Minutos 78, "Te saludamos todos", que podrán usar durante la rutina inicial.

☐ Determine dónde realizar las reuniones con todo el grupo. Si su salón de clase no es suficientemente grande para dedicar un área separada para reunirse con todo el grupo, use una de las áreas de interés más amplias como el área de bloques o el área de biblioteca.

☐ Verifique que tenga acceso a tomacorrientes eléctricos cerca del área para reunirse con todo el grupo.

☐ Lea *El Currículo Creativo para educación preescolar, Volumen 1: Fundamentos*, capítulos 2 y 4 para tener una idea de las actividades que realizarán durante el periodo con todo el grupo. En las cinco guías de enseñanza que complementan *Para comenzar el año* se explica qué hacer durante cada periodo en grupo.

Planifique cada momento del día,
continuación

Los momentos de transición

- [ ] Hable con otros maestros o su mentor acerca de cómo manejar el salón de clase durante los momentos de transición, p. ej., la limpieza, los momentos en que los niños deben ir de un lugar a otro, mientras se preparan para descansar.

- [ ] Ubique las tarjetas *Mega Minutos* en los materiales de *El Currículo Creativo para educación preescolar*. Comience a aprender varias de las canciones, cánticos o juegos sencillos para usar durante los periodos de transición.

Hora de escoger

- [ ] Consulte *El Currículo Creativo para educación preescolar, Volumen 1: Fundamentos*, capítulos 2 y 4, acerca de la hora de escoger actividades.

- [ ] Decida si usted va a usar un sistema de manejo de los áreas de interés tal como se ha sugerido en *Volumen 1: Fundamentos*, capítulo 2, y cree los materiales necesarios.

Lectura en voz alta

- [ ] Familiarícese con las *Tarjetas: Hablemos de libros*. En las guías de enseñanza se indica cuándo usar esta estrategia de leer en voz alta con libros seleccionados.

- [ ] Consulte *El Currículo Creativo para educación preescolar, Volumen 3: Lectoescritura*, donde encontrará más información acerca de distintas técnicas para leer en voz alta.

Grupos pequeños

- [ ] Consulte las pautas ofrecidas para conducir las experiencias de los grupos pequeños en *El Currículo Creativo para educación preescolar, Volumen 1: Fundamentos*, capítulo 4.

- [ ] Consulte varias *Tarjetas de enseñanza intencional* para familiarizarse con su estructura.

Comidas y meriendas

☐ Hable con otros maestros o con su mentor y consulte el *Volumen 1: Fundamentos*, capítulo 2, acerca del proceso y las pautas para la hora de comer en su programa.

☐ Localice dónde comerán y tendrán las meriendas los niños.

☐ Si las comidas van a ser servidas en el salón de clase, localice los implementos de limpieza para adultos y niños ya que deseará tenerlos a su alcance.

El cuidado de sí mismos y del salón de clase

☐ Haga un letrero con ilustraciones y palabras demostrando los pasos para lavarse las manos apropiadamente.

☐ Aprenda una canción o un cántico para lavarse las manos con el fin de usarlo durante las primeras semanas mientras los niños aprenden los procedimientos. Consulte Mega Minutos M06, "Así lo hago".

☐ Rotule los casilleros o los espacios para colocar las pertenencias de cada niño. Vea ejemplos en *Volumen 1: Fundamentos*, capítulo 2.

☐ Haga un cuadro de labores y póngalo a la vista. Consulte *Volumen 1: Fundamentos*, capítulo 2, donde encontrará labores sugeridas que pueden ser apropiadas para su salón de clase. Consulte Enseñanza Intencional SE12, "Labores del salón de clase".

☐ Verifique cuáles son los requisitos de su programa relativos a la limpieza y la higiene diaria del salón de clase.

La hora de descanso o de la siesta (para los programas de día completo)

☐ Rotule las colchonetas y catres y los implementos que serán usados a la hora de la siesta y establezca una zona para guardarlos.

☐ A la hora de la siesta, utilice música relajante que pueda ser usada al comienzo del descanso.

Planifique la evaluación basada en la observación continua

☐ Cree un sistema para anotar y guardar las notas de observación. Para obtener más información e ideas, consulte *El Currículo Creativo para educación preescolar, Volumen 1: Fundamentos,* capítulo 4.

☐ Consulte *Volumen 5: Objetivos para el desarollo y el aprendizaje.* Identifique la franja de color asociada a la edad o clase/grado de los niños del grupo con quienes usted trabaja. Familiarícese con la información relacionada con esa franja de color.

☐ Repase los objetivos y dimensiones en *Objetivos para el desarrollo y el aprendizaje.*

Ahora que usted ha finalizado la lista de control, dedique un tiempo a revisar los planes diarios incluidos en esta guía de enseñanza.

Comience reuniendo los materiales necesarios para la hora de escoger actividades y para los grupos pequeños. Repase la sección socioemocional de sus *Tarjetas de enseñanza intencional.* En estas tarjetas se ofrecen ideas para ayudar a los niños a medida que se separan de sus familias. Además, se ofrecen estrategias de orientación que le ayudarán a construir relaciones positivas con los niños y a orientar su comportamiento durante estas primeras semanas.

Le deseamos un maravilloso año escolar.

> **Para obtener una orientación sobre cómo planificar la semana, consulte *Guía de El Currículo Creativo para educación preescolar***

Preparación para las Experiencias sorprendentes

En las páginas de "Un vistazo" se incluye estas Experiencias sorprendentes para las cuales se requiere planificación anticipada.

Pregunta central 1:   Día 5: Caminar alrededor de la escuela

Pregunta central 3:   Día 5: Visita de un pariente que tenga una destreza especial

Pregunta central 5:   Día 2: Visita de alguien que trabaja en la escuela
Día 2: Visita de un pariente para cocinar durante la hora de escoger actividades
Día 3: Visita de alguien que trabaja en la escuela

Mini-estudio: Día 1: Caminar alrededor de la escuela
Día 3: Entrevistar a alguien que trabaje en la escuela
Día 4: Caminar alrededor de la escuela

Preguntas centrales

Pregunta central 1

¿Qué nombres necesitamos saber en la escuela?

	Día 1	Día 2	Día 3
Áreas de interés	**Todas:** materiales básicos	**Todas:** materiales básicos	**Todas:** materiales básicos
Pregunta del día	¿Pueden encontrar su nombre y colocarlo en el tablero?	¿Alguna vez han perdido algo?	¿Bailó Humpty Dumpty o se quebró?
Todo el grupo	**Poema:** "Humpty Dumpty" **Comentarios y escritura compartida:** Nuestros nombres **Materiales:** Enseñanza Intencional SE04, "Escuchar atentamente"; Enseñanza Intencional SE07, "La separación de padres e hijos"; Mega Minutos 81, "Humpty Dumpty"; huevo crudo en cáscara; Mega Minutos 78, "Te saludamos todos"; tarjetas con los nombres y las fotos de los niños	**Rima:** Escriba el poema, "Los tres gatitos", en un pliego de papel grande **Comentarios y escritura compartida:** Nombres de familia **Materiales:** Ninguno	**Rima:** "Hagamos un pastel" **Comentarios y escritura compartida:** Encontrar nuestros nombres en el salón **Materiales:** Mega Minutos 83, "Hagamos un pastel"; tarjetas de letras; *Anansi y sus hijos*; Mega Minutos 40, "Tengo un amiguito"
Lectura en voz alta	*Un bolsillo para Corduroy*	*El amor es la familia*	*Quinito, día y noche*
Grupos pequeños	Introducción a las áreas de interés	Introducción a las áreas de interés: la versión electrónica de *Anansi y sus hijos*	Introducción a las áreas de interés
Mega Minutos	Mega Minutos 30, "¡Bailemos juntos!"	Mega Minutos 30, "¡Bailemos juntos!	Mega Minutos 40, "Tengo un amiguito"

Día 4	Día 5	Dedique tiempo para…
Todas: materiales básicos	**Todas:** espejos; materiales para hacer collage	
¿Saben cómo usar esto? (Muestre una lupa o un objeto interesante de la clase) .	¿Saben el nombre de este lugar? (Muestre una foto del frente de la escuela).	
Movimiento: ¡Bailemos juntos! **Comentarios y escritura compartida:** Nombres de cosas en el salón **Materiales:** Mega Minutos 30, "¡Bailemos juntos!"; imágenes de objetos del salón	**Poema:** "Muévete al ritmo" **Comentarios y escritura compartida:** Nombres de lugares en la escuela **Materiales:** Mega Minutos 91, "Muévete al ritmo"; tambor; cámara digital	
El amor es la familia	*Prudencia se preocupa* Hablemos de Libros 20 (primera lectura en voz alta)	
Introducción a las áreas de interés	Introducción a las áreas de interés	
Mega Minutos 75, "Abejitas zumbadoras"; canasta con objetos comunes del salón	Mega Minutos 81, "Humpty Dumpty"; maracas	

Dedique tiempo para…

Experiencias al aire libre

Presentación del patio de juego

- Lleve a los niños a dar un paseo corto al patio de juego.
- Diariamente, hable con los niños acerca de un área específica del patio de juego. Explique las reglas de seguridad básicas, p. ej., los triciclos deben mantenerse en el sendero.

Colaboración con las familias

- Invite a los miembros de la familia a unirse al grupo para caminar alrededor de la escuela el día 5.
- Pídales traer fotos familiares para exhibirlas en el salón.
- Sugiera a las familias que lean y discutan con sus niños la versión electrónica de *Anansi y sus hijos*.

Experiencias sorprendentes

- Día 5: Caminar alrededor de la escuela para aprender los nombres de distintos lugares

La supervisión al aire libre es especialmente importante durante las primeras semanas de escuela, mientras los niños aprenden a desplazarse por el área y a explorar las estructuras del parque de juego desconocidas.

Pregunta central 1

¿Qué nombres necesitamos saber en la escuela?

Vocabulario

los nombres de los niños y las áreas de interés

Todo el grupo

Salude a cada niño y a su familia al llegar. Para ayudar a los niños que estén teniendo dificultad para separarse de sus familiares, consulte estrategias en Enseñanza Intencional SE04 , "Escuchar atentamente" y SE07, "La separación de padres e hijos".

Rutina inicial

- Canten una bienvenida y hablen de quienes están presentes.

Consulte Enseñanza Intencional SE02, "¡Mira quién está aquí!" para ideas para la planilla de asistencia.

Poema: "Humpty Dumpty"

- Use Mega Minutos 81, "Humpty Dumpty". Siga la orientación en la tarjeta.

Comentarios y escritura compartida: Nuestros nombres

- Diga, "*Humpty Dumpty* es un nombre curioso para un huevo. En nuestra clase todos tenemos un nombre. ¡Aprendamos el nombre de cada uno!"

- Hable de la pregunta del día que se encuentra en la gráfica de "Un vistazo".

- Revise Mega Minutos 78, "Te saludamos todos", y siga la orientación ofrecida en la tarjeta.

- Mientras canta, muéstrele a cada niño una tarjeta con su nombre (y con su foto) o escriba el nombre de cada niño en un pliego de papel grande.

- Explique, "Cada parte de nuestro salón también tiene nombre. Hoy caminaremos por el salón y encontraremos los nombres de las distintas áreas".

Antes de hacer la transición a las áreas de interés, camine con los niños por el salón y describa brevemente cada área. Diga, p. ej., "Esta es el área de juego dramático. Aquí tenemos ropa para disfrazarse, platos y bebés de juguete para jugar". Mantenga las tarjetas con el nombre y la foto de cada cual en una canasta. Al hacer la transición a las áreas de interés, saque los nombres, uno a la vez, y pídale a cada niño que escoja un área para explorar. Si esa área está ocupada a su máxima capacidad, pídale que elija otra área.

Consulte ideas para organizar las áreas de interés al inicio del año en *El Currículo Creativo para la educación preescolar, Volumen 2: Áreas de interés.*

Hora de escoger

Al interactuar con los niños en las áreas de interés, dedique tiempo a:

- Ayudar a los niños a escoger un área del salón para explorarla y mostrarles cómo usar los materiales apropiadamente.

> **Al comienzo del año, los materiales de las áreas de interés deben ser conocidos por los niños. Presente gradualmente materiales nuevos. Muestre cómo usarlos y dónde almacenarlos o guardarlos.**

Lectura en voz alta

Lea el cuento *Un bolsillo para Corduroy.*

- **Antes de leer**, muestre la cubierta del libro y lea el título. Pregunte, "¿Alguien ha oído antes este cuento?".

- **Mientras lee**, mencione cómo se siente Corduroy en este cuento.

- **Después de leer**, pregunte, "¿Por qué Lisa puso el nombre en el bolsillo de él?"

Niños que aprenden una segunda lengua Siempre que pueda, use las lenguas que se hablan en los hogares de los niños para presentar el libro que vayan a leer en voz alta. Si usted no habla esos idiomas, busque ayuda entre sus colegas, personas voluntarias o los familiares de los niños.

Grupos pequeños

Introducción a las áreas de interés

- Seleccione un área de interés para presentarla a los niños.

- Describa los materiales en el área e invíteles a explorarlos.

- Mencione cómo podrían jugar con los materiales.

- Explíqueles y muéstreles cómo limpiar el área cuando terminen de jugar. Diga, p. ej., "Cada canasta tiene un letrero con una ilustración y palabras. Esta es una foto de estrellas para armar y estas palabras dicen *estrellas para armar*.

De esta manera yo sé que debo poner las estrellas en la canasta. El estante también está rotulado con la misma ilustración y las mismas palabras. Así yo sé que debo colocar la canasta en el estante".

> **Usted podría desear comenzar con el área de juego dramático porque los materiales en esa área reflejan más claramente lo que podrían encontrar en los hogares. Los niños se sienten más seguros en ambientes familiares, lo que aumenta su confianza para ensayar cosas nuevas y expresarse.**

Mega Minutos

- Use Mega Minutos 30, "¡Bailemos juntos!".

- Siga la orientación en la tarjeta.

Reunión final

- Recuerde los eventos del día.

- Invite a los niños a hablar de algo que hayan disfrutado durante la hora de escoger actividades.

Pregunta central 1

¿Qué nombres necesitamos saber en la escuela?

Bobby   Aneesa   Kumar   Alejandro

Vocabulario

Español: *perdieron, familia*
Inglés: *lost, family*

Todo el grupo

Rutina inicial

- Canten una bienvenida y hablen de quiénes están presentes.

Rima: "Los tres gatitos"

- Recite la rima. Consulte la próxima página para ver la letra.

Comentarios y escritura compartida: Encontrar nuestros nombres en el salón

- Diga, "Me pregunto cómo los tres gatitos *perdieron* sus mitones".

- Haga comentarios a las respuestas ofrecidas.

- Hable de la pregunta del día.

- Explique, "En nuestro salón tenemos un lugar especial donde poner nuestras cosas pasa que no *se pierdan*". Hable de los lugares que tienen para guardar las cosas de cada uno, como los casilleros. Explique que cada espacio está marcado con el nombre de cada uno. Invite a los niños a encontrar sus casilleros y a explorar lo que hay adentro.

- Diga, "También podemos encontrar nuestros nombres en otros lugares del salón. Caminemos por el salón e investiguemos en cuáles lugares podemos encontrar nuestros nombres".

- Cuano hayan terminado, reúna a los niños en el área para todo el grupo. Pregunte, "¿Dónde encontraron sus nombres en nuestro salón?"

- Escriba las respuestas ofrecidas.

- Mencione por qué sus nombres están pegados en cada lugar. Diga, p. ej., "Sus nombres están en el área de biblioteca para que puedan mirarlos y así recuerden cómo escribir su nombre".

Niños que aprenden una segunda lengua
Establecer rutinas, como siempre guardar las cosas en los casilleros, ayuda a que todos estos niños sepan lo que se espera de ellos. Además, les ayuda a participar en las actividades diarias y a entender la lengua que se usa para hablar sobre los eventos del salón de clase.

Antes de hacer la transición a las áreas de interés, explique, "Después de que hagan sus obras de arte en el salón puede que quieran llevarlas a casa para mostrárselas a sus *familias*. Pónganlas en su casillero para que recuerden llevarlas a casa". Invite a los niños a hacer dibujos en el área del arte y a que guarden sus obras en los casilleros para llevarlas más tarde a casa.

Hora de escoger

Al interactuar con los niños en las áreas de interés, dedique tiempo a:

- Hablar con los niños mientras hacen dibujos en el área del arte.
- Preguntar, "¿Qué me puedes decir acerca de tu dibujo?"

- Observar cómo usan los materiales y representan ideas en los dibujos.
- Si es necesario, ayuda a los niños a elegir y usar materiales en todas las áreas de interés.

Lectura en voz alta

Lea el cuento *El amor es la familia*.

- **Antes de leer**, muestre la cubierta del libro y pregunte, "¿De qué creen que se trata este cuento?"
- **Mientras leen**, dedique tiempo a responder a los comentarios y las preguntas a medida que los niños relacionen el cuento con sus propias familias.

- **Después de leer**, miren de nuevo varias páginas y hable de las familias en el cuento. Señale las diferencias de tamaño de las familias. Pregunte, "¿Ustedes tienen una *familia* grande o una *familia* pequeña?"

Grupos pequeños

Introducción a las áreas de interés

- Seleccione un área de interés para presentarla a los niños.
- Describa los materiales en el área e invíteles a explorarlos.

- Mencione cómo podrían usar los materiales en el juego.
- Muéstreles cómo limpiar el área cuando terminen de jugar.

Mega Minutos

- Use Mega Minutos 30, "¡Bailemos juntos!". Siga la orientación en la tarjeta.

Reunión final

- Recuerde los eventos del día.

- Invite a quienes hayan hecho dibujos en el área del arte a que hablen de sus trabajos.

Los tres gatitos

*Los tres gatitos perdieron sus
   mitoncitos y empezaron a llorar.
Mamita querida, mira, mira, se nos
   perdieron los mitoncitos.
¿Qué? ¡Perdieron los mitoncitos,
   mis tristes gatitos!
Busquemos bien cerca de este cartel.
Miau, miau, miau.
Los tres gatitos hallaron sus mitoncitos
   y empezaron a suspirar.*

*Mamita querida, mira, mira, hallamos
   los mitoncitos.
Pónganse los mitoncitos, mis
   tontos gatitos.
Y ahora preparemos un pastel.
Rrrr, rrrr, rrrr.
Hmmm… Huelo una rata cerca del
   mantel.*

¿Qué nombres necesitamos saber en la escuela?

Vocabulario

Español: *destrezas, retrato*

Inglés: *skills, portrait*

Todo el grupo

Rutina inicial

- Canten una bienvenida y hablen de quiénes están presentes.

Rima: "Hagamos un pastel"

- Use Mega Minutos 83, "Hagamos un pastel."

- Haga la variación que está en el reverso para animar a los niños a "escribir" las letras con sus dedos.

Comentarios y escritura compartida: Encontrar nuestros nombres en el salón

Lea el cuento *Anansi y sus hijos*.

- Diga, "Los niños de Anansi también tienen nombres curiosos, como Humpty Dumpty. Todos los niños de Anansi tienen nombres que describen sus *destrezas* o lo que pueden hacer bien".

- Escriba los nombres de los niños de Anansi al tiempo que los dice.

Niños que aprenden una segunda lengua
Cuando pueda, use técnicas de comunicación no verbales, como señalar los nombres y las ilustraciones. Estos indicios son especialmente útiles para que aquellos niños que están aprendiendo inglés entiendan el significado de las palabras.

Antes de hacer la transición a las áreas de interés, muestre una página del cuento *Anansi y sus hijos* que muestra una imagen de toda la familia. Diga, "Esta es una ilustración de la familia de Anansi. Es un *retrato* familiar". Hable de los materiales disponibles en el área del arte y mencione cómo podrían usarlos para hacer *retratos* familiares.

Considere usar Mega Minutos 40, "Tengo un amiguito" u otro juego con nombres para hacer la transición del periodo con todo el grupo a las áreas de interés. Usar con frecuencia los nombres de los niños del grupo en las canciones y juegos durante las primeras semanas facilita que los niños aprendan los nombres de cada uno.

Hora de escoger

Al interactuar con los niños en las áreas de interés, dedique tiempo a:

- Hablar con los niños mientras trabajan en sus retratos familiares.

- Preguntar, "¿Qué me puedes decir de tu retrato? ¿Cómo se llaman las personas en tu retrato?"

Esta actividad les ofrece una oportunidad a los niños para hablar de sus familias. Aunque aún no puedan crear representaciones reconocibles, lo que le digan sobre lo que crearon es muy importante. Cuando alguien dice, "Este es mi gato", o "Yo tengo cuatro hermanos", usted obtiene información valiosísima acerca de los niños.

Consulte más información acerca de cómo se desarrollan las destrezas infantiles de pintar y dibujar en *El Currículo Creativo para educación preescolar, Volumen 2: Áreas de interés.*

Lectura en voz alta

Lea el cuento *Quinito, día y noche.*

- **Antes de leer**, explique, "*Quinito* es el nombre del niño de este cuento. Este libro trata de todo lo que hace durante el día".

- **Mientras lee**, anime a los niños a asociar los eventos del día de Quinito con los eventos de su propio día.

- **Después de leer**, diga, "La familia de Quinito le canta una canción antes de irse a dormir en la noche". Pregunte, "¿Qué hacen ustedes antes de ir a dormir en la noche?"

Grupos pequeños

Introducción a las áreas de interés

- Seleccione un área de interés para presentarla a los niños. Si elige el área de computadoras, podría mostrarles cómo buscar y leer *Anansi y sus hijos* en la computadora.

- Describa los materiales en el área e invíteles a explorarlos.

- Mencione cómo podrían usar los materiales en el juego.

- Muéstreles cómo limpiar el área cuando terminen de jugar.

Mega Minutos

- Use Mega Minutos 40, "Tengo un amiguito".

- Siga la orientación en la tarjeta.

Reunión final

- Recuerde los eventos del día.

- Invite a quienes hayan hecho retratos familiares durante la hora de escoger actividades a compartir sus trabajos con el resto del grupo.

Pregunta central 1

¿Qué nombres necesitamos saber en la escuela?

Vocabulario

Español: *colmena*
Inglés: *beehive*

Todo el grupo

Rutina inicial

- Canten una bienvenida y hablen de quiénes están presentes.

Movimiento: ¡Bailemos juntos!

- Use Mega Minutos 30, "¡Bailemos juntos!"

- Siga la orientación en la tarjeta.

Comentarios y escritura compartida: Nombres de cosas en el salón

- Hable de la pregunta del día.

- Explique, "En nuestro salón hay muchas cosas para descubrir".

- Muestre una imagen de algún objeto interesante en el salón como una fuente de agua o una herramienta para hacer esculturas con arcilla.

- Pregunte, "¿Qué creen que es esto?"

- Escriba las ideas ofrecidas.

- Invite a un niño a emparejar la imagen con el objeto real en el salón.

- Continúe el juego usando otras imágenes hasta que todos los objetos hayan sido nombrados y ubicados o hasta que los niños pierdan el interés en el juego.

Antes de hacer la transición a las áreas de interés, hable de los materiales en el área del arte y mencione cómo podrían usarlos para terminar sus retratos familiares.

Hora de escoger

Al interactuar con los niños en las áreas de interés, dedique tiempo a:

- Hablar mientras hacen sus retratos familiares.

- Preguntar, "¿Qué me puedes decir acerca de tu retrato?"

- Hablar con los niños acerca de sus familias.

- Observar cómo usan los materiales. Note su habilidad para representar sus ideas en dibujos.

Lectura en voz alta

Lea el cuento *El amor es la familia.*

- **Antes de leer**, pregunte, "¿Alguien recuerda de qué se trata este libro?"
- **Mientras lee**, cuente los miembros de cada familia descrita en el cuento.

- **Después de leer**, pregunte, "¿Cuántas personas hay en su famiilia?" Ayude a que los niños cuenten a los miembros de sus familias, p. ej., diga, "Michael dice que vive con su mami y su abuelo. Este es Michael [levante un dedo], su mami [levante otro dedo] y su abuelo [levante un tercer dedo]. Así que en la familia de Michael hay una, dos, tres personas".

Grupos pequeños

Introducción a las áreas de interés

- Seleccione un área de interés para presentarla a los niños.
- Describa los materiales en el área e invíteles a explorarlos.
- Mencione cómo podrían usar los materiales en el juego.
- Muéstreles cómo limpiar el área cuando terminen de jugar.

Niños que aprenden una segunda lengua
Rotule estantes y recipientes en las lenguas que se hablan en los hogares. Tener material en el entorno escrito en las lenguas que se hablan en los hogares de los niños que están aprendiendo una segunda lengua, les ayuda a participar y les hace sentir orgullosos de su cultura y sus familias. Use un color distinto para cada idioma y use siempre ese color cuando escriba por todo el salón.

Mega Minutos

- Use Mega Minutos 75, "Abejitas zumbadoras." Haga la variación de color que está en el reverso de la tarjeta.
- Diga, "Vamos a hacer de cuenta que el salón es una *colmena*. Una *colmena* es un lugar donde vive una familia de abejas".

- Pase una canasta con materiales comunes de la clase enfrente de los niños, un par de veces o hasta que los niños pierdan interés.
- Anime a los niños a "zumbar" por el salón de clases y a guardar las cosas para practicar cómo devolver todo a su lugar correspondiente.

Reunión final

- Recuerde los eventos del día.
- Invite a quienes hayan hecho retratos familiares durante la hora de escoger actividades a mostrar y comentar sus trabajos.

- Diga a los niños que van a caminar por la escuela al día siguiente.

Pregunta central 1

¿Qué nombres necesitamos saber en la escuela?

Vocabulario

Consulte vocabulario en Hablemos de Libros 20, *Prudencia se preocupa* (*Wemberly Worried*).

Todo el grupo

Rutina inicial

- Canten una bienvenida y hablen de quiénes están presentes.

Poema: Muévete al ritmo

- Use Mega Minutos 91, "Muévete al ritmo". Siga la orientación ofrecida en la tarjeta.

Comentarios y escritura compartida: Nombres de lugares en la escuela

- Explique, "Nosotros ya sabemos los nombres de cada uno. Sabemos los nombres de las áreas de nuestro salón y sabemos los nombres de muchos de los materiales que hay en él".

- Hable de la pregunta del día.

- Diga, "Hoy vamos a caminar alrededor de la escuela para aprender los nombres de los lugares especiales que hay aquí".

- Pregunte, "¿Qué creen que veremos hoy cuando salgamos a caminar?"

- Escriba las respuestas ofrecidas.

> **Tome fotos de los lugares que visiten. Use las fotos para exhibirlas o para hacer un libro con el fin de recordarles a los niños los nombres de los lugares.**

Antes de hacer la transición a las áreas de interés, hable de los espejos y materiales para hacer collage, disponibles en el área del arte, y mencione cómo podrían usarlos para hacer autorretratos.

Hora de escoger

Al interactuar con los niños en las áreas de interés, dedique tiempo a:

- Hablar con los niños de sus autorretratos.

- Invitarlos a mirarse en los espejos y hablar con ellos de sus razgos personales.

- Sugerirles escribir sus nombres en etiquetas individuales. Exhiba los autorretratos de los niños y los nombres escritos por ellos.

> **Asegúrese de guardar los autorretratos y las muestras de escritura en el portafolio de cada niño. Reúna muestras similares a lo largo del año para que las familias puedan ver el progreso de sus hijos a lo largo del tiempo.**

Lectura en voz alta

Lea el cuento *Prudencia se preocupa*.

- Use Hablemos de Libros 20, *Prudencia se preocupa*, y siga la orientación ofrecida en la tarjeta para realizar la primera lectura en voz alta.

- **Después de leer**, consulte "Apoyando el desarrollo socioemocional" al reverso de la tarjeta *Hablemos de libros* donde encontrará preguntas adicionales.

> **Las tarjetas *Hablemos de libros* están diseñadas para ser usadas una y otra vez. Como este es el comienzo del año, limite la cantidad de preguntas y comentarios y mantenga sencilla la discusión. Más adelante en el año, usted podría volver a usar el libro y hacer preguntas más complejas.**

Grupos pequeños

Introducción a las áreas de interés

- Seleccione un área de interés para presentarla a los niños.

- Describa los materiales en el área e invíteles a explorarlos.

- Mencione cómo podrían usar los materiales para jugar.

- Muéstreles cómo limpiar el área cuando terminen de jugar.

Mega Minutos

- Use Mega Minutos 81, "Humpty Dumpty." Haga la versión de instrumento o de ritmo que está en el reverso de la tarjeta.

Reunión final

- Recuerde los eventos del día.

- Invite a los niños que hayan hecho autorretratos a mostrar y comentar su trabajo al resto del grupo. Anímeles a describir los materiales usados.

Pregunta central 2

¿Qué debemos hacer si nos sentimos tristes o asustados en la escuela?

	Día 1	Día 2
Áreas de interés	Juguetes y juegos: rompecabezas	Biblioteca: un diario personal para cada niño (hojas de papel periódico con cubiertas de papel de construcción); varios instrumentos de escritura
Pregunta del día	¿Alguna vez se han sentido tristes?	¿Alguna vez se han sentido asustados?
Todo el grupo	**Movimiento:** Bailar con pañuelos **Comentarios y escritura compartida:** Sentirse triste **Materiales:** música o tambor; pañuelo o pedazo de tela; *Un beso en mi mano;* Enseñanza Intencional SE03, "Un lugar para tranquilizarse"	**Poema:** En la calle veinticuatro **Comentarios y escritura compartida:** Sentirse asustado **Materiales:** Mega Minutos 90, "¡Qué susto!"; araña de juguete o de papel; Enseñanza Intencional LL39, "Mi diario"
Lectura en voz alta	*Prudencia se preocupa* Hablemos de Libros 20 (segunda lectura en voz alta)	*Un beso en mi mano*
Grupos pequeños	Introducción a las áreas de interés	Introducción a las áreas de interés
Mega Minutos	Mega Minutos 87, "Cinco pollitos"	Mega Minutos 46, "Caminando por el parque"

Dedique tiempo para…

Arte: tijeras de seguridad (para usar con la mano derecha o con la izquierda); papel, marcador grueso

¿Qué los hace felices?

Rima: "Dos tortuguitas redonditas"

Comentarios y escritura compartida: Lo que sentimos en la escuela

Materiales: Mega Minutos 44, "Dos tortuguitas redonditas"; Enseñanza Intencional SE06, "Para hablar de las emociones"; Enseñanza Intencional P08, "Cortar con tijeras"

Prudencia se preocupa
Hablemos de Libros 20
(tercera lectura en voz alta)

Introducción a las áreas de interés

Mega Minutos 46, "Caminando por el parque"

Experiencias al aire libre

Introducción a los materiales de juego al aire libre

- Presente los juguetes y otros materiales que sean usados con frecuencia al aire libre como pelotas, aros *hula-hoops* y volquetas para llenar y vaciar en el cajón de arena.

Colaboración con las familias

- Pida a las familias que continúen trayendo fotos familiares.

- Hable con las familias cuyos niños estén teniendo dificultad para hacer la transición del hogar a la escuela en la mañana. Para ayudarles a crear rituales de despedida, consulte Enseñanza Intencional SE07, "La separación de padres e hijos".

Niños que aprenden una segunda lengua
La presencia de los parientes ayudará a fortalecer la confianza de los niños en situaciones sociales y aumentará su comodidad en el salón de clase. Planifique actividades con los parientes de los niños que están aprendiendo una segunda lengua. Anímelos a usar la lengua que se habla en el hogar en el salón de clase, durante las actividades.

¿Qué debemos hacer si nos sentimos tristes o asustados en la escuela?

Vocabulario

Español: *ritmo*

Inglés: *tempo*

Consulte vocabulario adicional en Hablemos de Libros 20, *Prudencia se preocupa* (*Wemberly Worried*).

Todo el grupo

Rutina inicial

- Canten una bienvenida y hablen de quiénes están presentes.

Movimiento: Bailar con pañuelos

- Explique, "Vamos a mover nuestro cuerpo al *ritmo*, o la velocidad, de la música".

- Ponga música de un ritmo lento o toque un tambor lentamente. Pregunte, "¿Cómo debemos movernos cuando escuchamos esta música?"

- Ponga música rápida o toque un tambor rápidamente. Pregunte, "¿Cómo debemos movernos cuando escuchamos música?"

- Déle a cada niño un pañuelo o un pedazo de tela.

- Explique, "Movamos el cuerpo y el pañuelo al *ritmo* de la música"

- Ponga música e invite a los niños a moverse siguiendo el *ritmo*.

Niños que aprenden una segunda lengua
Hacer preguntas de respuesta abierta estimula el pensamiento infantil; sin embargo, si se hacen muchas de estas preguntas, a los niños que están aprendiendo una nueva lengua les podría resultar muy difícil contestarlas, especialmente al comienzo del año. Haga preguntas que los niños puedan responder señalando imágenes o diciendo una palabra, p. ej., "¿Debemos movernos lenta o rápidamente?" Posiblemente usted desee en esta actividad mostrar cómo se mueve mientras dice *rápidamente* o *lentamente*.

Comentarios y escritura compartida: Sentirse triste

- Lea el cuento *Un beso en mi mano*.

- Después de leer, pregunte, "¿Por qué estaba triste Chester?" "¿Qué hizo su mamá para que se sintiera mejor?"

- Hable de la pregunta del día. Pregunte, "¿Qué les hace sentir tristes?"

- Escriba las respuestas ofrecidas.

- Explique, "Todo nos sentimos tristes a veces." Pregunte, "¿Qué pueden hacer ustedes si alguna vez se sienten tristes en la escuela?" Asegúreles a los niños que usted y los demás adultos en el salón están allí para ayudarles.

> **Consulte Enseñanza Intencional SE03, "Un lugar para tranquilizarse". Si alguien quiere aislarse del grupo por un momento muéstrele el lugar tranquilo en su salón.**

Antes de hacer la transición a las áreas de interés, muestre algunos de los rompecabezas que están disponibles en el área de juguetes y juegos e invite a los niños a usarlos durante la hora de escoger actividades.

Hora de escoger

Al interactuar con los niños en las áreas de interés, dedique tiempo a:

- Observarlos mientras trabajan con los rompecabezas en el área de juguetes y juegos.

- Describir las estrategias usadas para completar los rompecabezas, p. ej., "Veo que le diste vuelta a esa pieza tres veces para hacerla entrar en su lugar".

Para encontrar estrategias acerca de cómo reforzar las destrezas de los niños armando rompecabezas, consulte Enseñanza Intencional M23, "Armemos rompecabezas".

Lectura en voz alta

Lea el cuento *Prudencia se preocupa*.

- Use Hablemos de Libros 20, *Prudencia se preocupa* y siga la orientación ofrecida en la tarjeta para realizar la segunda lectura en voz alta.

Grupos pequeños

Introducción a las áreas de interés

- Seleccione un área de interés para presentarla a los niños.

- Describa los materiales en el área e invite a los niños a explorarlos.

- Mencione cómo podrían usar los materiales para jugar.

- Explíqueles y muéstreles cómo limpiar el área cuando terminen de jugar.

Mega Minutos

- Use Mega Minutos 87, "Cinco pollitos". Siga la orientación ofrecida en la tarjeta.

Reunión final

- Recuerde los eventos del día.

- Invite a los niños que hayan trabajado en los rompecabezas a mostrar uno que hayan armado.

¿Qué debemos hacer si nos sentimos tristes o asustados en la escuela?

Vocabulario

Español: *de verdad, de juguete, asustado*

Inglés: *real, pretend, scared*

Todo el grupo

Rutina inicial

- Canten una bienvenida y hablen de quiénes están presentes.

Rima: "¡Qué susto!"

- Use Mega Minutos 90, "¡Qué susto!" Siga la orientación ofrecida en la tarjeta.

Comentarios y escritura compartida: Sentirse asustado

- Muestre a los niños una araña de juguete o recorte una de papel. Pregunte, "¿Esta araña es *de verdad* o *de juguete*? ¿Cómo lo saben?"

- Explique, "Algunas personas sienten temor de las arañas verdaderas".

- Repase la pregunta del día. Pregunte, "¿Qué les hace sentir temor?"

- Escriba las respuestas ofrecidas.

- Diga, "Muéstrenme qué cara ponen cuando están *asustados*".

- Pregunte, "¿Qué pueden hacer en la escuela si sienten temor?" Asegúreles a los niños que usted y los demás adultos en el salón están allí para ayudarles si alguna vez sienten temor.

Antes de hacer la transición a las áreas de interés, explique, "Ayer hablamos acerca de sentirse triste. Hoy hablamos acerca de sentir temor. En ocasiones, cuando las personas sienten tristeza o temor, después de dibujar o escribir acerca de sus emociones se sienten mejor". Muéstreles sus diarios personales o dónde pueden encontrar papel y lápiz en las áreas de biblioteca o del arte. Durante la hora de escoger actividades, invíteles a escribir o hacer dibujos de algo que los haga sentir tristes o atemorizados.

> **Para encontrar más información acerca de cómo usar los diarios personales en su salón, consulte Enseñanza Intencional LL39, "Mi diario".**

Hora de escoger

Al interactuar con los niños en las áreas de interés, dedique tiempo a:

- Hablar con ellos acerca de las emociones.

- Invitarles a dibujar o escribir acerca de sus emociones.

- Si es necesario, escribir lo que le dicten acerca de sus dibujos.

Niños que aprenden una segunda lengua
Tanto los niños que están aprendiendo una segunda lengua como aquellos que la hablan con fluidez pueden beneficiarse al interactuar entre ellos durante la hora de escoger actividades. Cuando los niños que están aprendiendo una segunda lengua escuchan a sus compañeros que dominan esa lengua describir sus sentimientos o dibujos, esto los puede ayudar a desarrollar su lenguaje oral.

Lectura en voz alta

Lea el cuento *Un beso en mi mano*.

- **Antes de leer**, pregunte, "¿Quién recuerda de qué se trata este libro?"

- **Mientras lee**, haga notar que la escuela le parecía algo extraño y le daba miedo a Chester antes de comenzar la escuela.

- **Después de leer**, diga, "Chester estaba realmente preocupado cuando comenzó la escuela". Pregunte, "¿Qué hizo sentir mejor a Chester al separarse de su mamá?"

Niños que aprenden una segunda lengua
Leer un libro varias veces ayuda a que todos los niños adquieran una comprensión adicional de palabras y frases desconocidas.

Grupos pequeños

Introducción a las áreas de interés

- Seleccione un área de interés para presentarla a los niños.

- Describa los materiales en el área e invite a los niños a explorarlos.

- Mencione cómo podrían usar los materiales para jugar.

- Muéstreles cómo limpiar el área cuando terminen de jugar.

Mega Minutos

- Use Mega Minutos 46, "Caminando por el parque"

- Siga la orientación ofrecida en la tarjeta.

Reunión final

- Recuerde los eventos del día.

- Invite a los niños a mencionar algo que hayan disfrutado durante la hora de escoger actividades ese día.

¿Qué debemos hacer si nos sentimos tristes o asustados en la escuela?

Vocabulario

Consulte vocabulario en Hablemos de Libros 20, *Prudencia se preocupa* (*Wemberly Worried*).

Todo el grupo

Rutina inicial

- Canten una bienvenida y hablen de quiénes están presentes.

Rima: "Dos tortuguitas redonditas"

- Use Mega Minutos 44, "Dos tortuguitas redonditas" Siga la orientación ofrecida en la tarjeta.

Comentarios y escritura compartida: Lo que sentimos en la escuela

- Hable de la pregunta del día.
- Consulte Enseñanza Intencional SE06, "Para hablar de las emociones", y siga la orientación en la tarjeta.

- Al hablar de cada tipo de emoción, pregunte, "¿Cuándo podrían sentirse así en la escuela?"
- Escriba las respuestas ofrecidas.

Antes de hacer la transición a las áreas de interés, hable de las tijeras y el papel disponibles en el área del arte y mencione cómo podrían usarlos para practicar cómo cortar.

> **Para encontrar más información acerca del uso que hacen los niños de las tijeras, consulte Enseñanza Intencional PO8, "Cortar con tijeras".**

Hora de escoger

Al interactuar con los niños en las áreas de interés, dedique tiempo a:

- Observar la habilidad de los niños para cortar con tijeras.

Lectura en voz alta

Lea el cuento *Prudencia se preocupa.*

- Use Hablemos de Libros 20, *Prudencia se preocupa,* y siga la orientación ofrecida en la tarjeta para realizar la tercera lectura en voz alta.

Grupos pequeños

Introducción a las áreas de interés

- Seleccione un área de interés para presentarla a los niños.
- Describa los materiales en el área e invite a los niños a explorarlos.
- Mencione cómo podrían usar los materiales para jugar.
- Muéstreles cómo limpiar el área cuando terminen de jugar.

Niños que aprenden una segunda lengua
Pida a los padres o familiares que le digan unas cuantas palabras o frases en la lengua que se hable en sus hogares, p. ej.: *comer, escuchar* y *mesa.* Use estas palabras para comunicarse con los niños, especialmente al inicio del año escolar, cuando muchos usan en clase únicamente la lengua que hablan en sus hogares.

Mega Minutos

- Use Mega Minutos 46, "Caminando por el parque". Siga la orientación ofrecida en la tarjeta.

Reunión final

- Recuerde los eventos del día.
- Invite a los niños a hablar de algo que hayan disfrutado ese día durante la hora de escoger actividades.

Pregunta central 3

¿Cuáles son nuestras reglas?

	Día 1	Día 2	Día 3
Áreas de interés	Bloques: autos y camiones	Juego dramático: ropa para disfrazarse Computadoras: la versión electrónica de *Un mundo de familias*	Música y movimiento: instrumentos musicales, canasta
Pregunta del día	¿Se lavaron las manos al llegar a la escuela?	¿Les gustaría pintar hoy?	¿Qué canción les gustaría cantar hoy? (Ofrezca dos opciones).
Todo el grupo	Canción: "Mary tenía un corderito" Comentarios y escritura compartida: ¿Por qué tenemos reglas? Materiales: Mega Minutos 13, "Simón dice"; cámara digital	Juego: Tin marín Comentarios y escritura compartida: Escribir las reglas Materiales: Mega Minutos 74, "Tin marín"; Enseñanza Intencional SE09, "Una regla mayor y una regla menor"	Canción: "¿Listos?" Comentarios y escritura compartida: Tocar instrumentos musicales Materiales: Mega Minutos 73, "¿Listos?"; canasta con instrumentos musicales
Lectura en voz alta	*Charlie Anderson* Hablemos de Libros 17 (primera lectura en voz alta)	*Un mundo de familias*	*Charlie Anderson* Hablemos de Libros 17 (segunda lectura en voz alta)
Grupos pequeños	Introducción a las áreas de interés	Opción 1: Arcilla para moldear Enseñanza Intencional M52, "Arcilla para moldear" (Consulte en la tarjeta el equipo, la receta y los ingredientes). Opción 2: Ensalada de maíz y frijoles negros Enseñanza Intencional M53, "Ensalada de maíz y frijoles negros" (Consulte en la tarjeta el equipo, la receta y los ingredientes).	Opción 1: El juego de los nombres Enseñanza Intencional LL47, "El juego de los nombres"; los nombres de los niños escritos en tiras de papel; canasta u otro recipiente; tira de papel en blanco o tarjeta de 3x5 pulgadas Opción 2: Hacer mi nombre Enseñanza Intencional LL29, "Hacer mi nombre"; sobres pequeños resistentes; letras manipulables; marcador
Mega Minutos	Mega Minutos 94, "Los pollitos"	Mega Minutos 94, "Los pollitos"; instrumentos reales (opcional)	Mega Minutos 44, "Dos tortuguitas redonditas"

Día 4	Día 5	Dedique tiempo para…
Música y movimiento: instrumentos musicales	Biblioteca: libros acerca de las familias	### Experiencias al aire libre **Ejercicio divertido** • Use Enseñanza Intencional P12, "Explorar trayectorias", y siga la orientación ofrecida en la tarjeta.
¿Cuántos dedos tiene tu mano? (¿Dos o cinco?)	Alguna vez han visto a alguien _______? (Nombre la destreza especial del visitante ese día).	### Colaboración con las familias • Invite a un pariente a visitar el salón el día 5 para que demuestre algo especial que pueda hacer con las manos como tocar un instrumento musical, hacer cerámica, hacer malabarismo, tejer o tallar madera. • Sugiera a las familias que lean y discutan con sus niños la versión electrónica de *Un mundo de familias*.
Movimiento: Muévete al ritmo Comentarios y escritura compartida: ¿Qué podemos hacer con las manos? Materiales: Mega Minutos 91, "Muévete al ritmo"; tambor; Mega Minutos 26, "Patrones de palmadas" Materiales para la reunión final: Enseñanza Intencional LL54, "Hacer preguntas"	Rima: "¿Listos?" Comentarios y escritura compartida: Visita de un pariente Materiales: Mega Minutos 73, "¿Listos?"; unos libros acerca de familias	### Experiencias sorprendentes • Día 5: Visita de un pariente que tenga una destreza especial
Dulce de mantequilla de maní	*Charlie Anderson* Hablemos de Libros 17 (tercera lectura en voz alta)	
Opción 1: ¿Puedes encontrarlo? Enseñanza Intencional M51, "¿Puedes encontrarlo?"; objetos comunes en el salón Opción 2: ¿Dónde debe ir? Enseñanza Intencional M51, "¿Puedes encontrarlo?"; objetos comunes en el salón; cámara digital	Opción 1: ¿Puedes encontrarlo? Enseñanza Intencional M51, "¿Puedes encontrarlo?"; objetos comunes en el salón Opción 2: ¿Dónde debe ir? Enseñanza Intencional M51, "¿Puedes encontrarlo?"; objetos comunes en el salón; cámara digital	**Niños que aprenden una segunda lengua** Como cada familia es única, necesitará usar diferentes formas para comunicarse con las familias de su programa. Con el paso del tiempo, aprenda lo más posible de y sobre ellos. Ayúdense mutuamente a entender las diferencias culturales y aliente a los parientes a que compartan sus intereses.
Mega Minutos 87, "Cinco pollitos"	Mega Minutos 87, "Cinco pollitos"	

¿Cuáles son nuestras reglas?

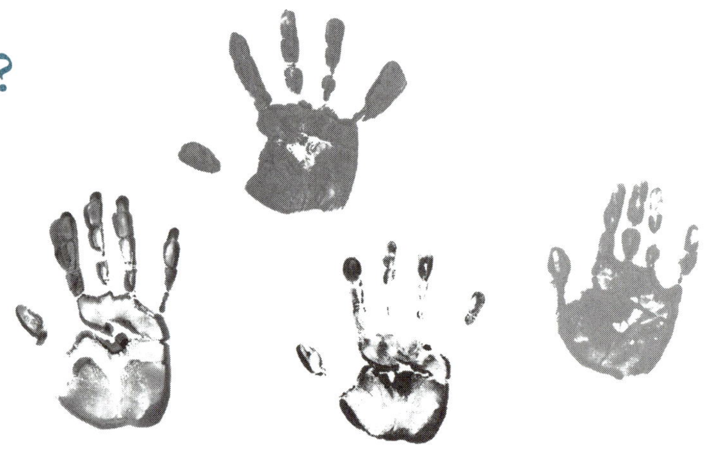

Vocabulario

Español: *regla*

Inglés: *rule*

Consulte vocabulario adicional en Hablemos de Libros 17, *Charlie Anderson*.

Todo el grupo

Rutina inicial

- Canten una bienvenida y hablen de quiénes están presentes.

Canción: "Mary tenía un corderito"

- Cante "Mary tenía un corderito" con los niños.

Comentarios y escritura compartida: ¿Por qué tenemos reglas?

- Repita la frase usada en "Mary tenía un corderito": "Él la siguió a la escuela un día, lo cual era contra las reglas".

- Pregunte, "¿Qué son las *reglas*?"

- Escriba las respuestas ofrecidas.

- Pregunte, "¿Por qué tenemos *reglas*?"

- Escriba las respuestas ofrecidas.

- Pregunte, "¿Por qué creen que una *regla* en la escuela de Mary es que las mascotas no pueden venir a la escuela con los niños?"

- Hable de la pregunta del día. Pregunte, "¿Por qué creen que una regla es lavarnos las manos al llegar a la escuela?"

- Explique, "Vamos a hacer un juego. Este juego tiene *reglas* que debemos seguir, así como Mary tenía *reglas* que seguir."

- Guíe a los niños en un juego de "Simón dice".

- Consulte Mega Minutos 13, "Simón dice", y siga la orientación ofrecida en la tarjeta.

Antes de hacer la transición a las áreas de interés, hable de los autos y camiones disponibles en el área de bloques y mencione cómo podrían usarlos.

Hora de escoger

Al interactuar con los niños en las áreas de interés, dedique tiempo a:

- Observar cómo juegan los niños en el área de bloques.

- Hablar con ellos acerca de las estructuras que hagan y describir lo que vea, p. ej., "Veo que usaste todos los bloques largos rectangulares y los pusiste en fila".

- Tomar fotos de las estructuras hechas por los niños.

> **Incluir accesorios en el área de bloques anima a que los niños avancen del juego con bloques al juego dramático.**

Lectura en voz alta

Lea el cuento *Charlie Anderson*.

- Use Hablemos de Libros 17, *"Charlie Anderson"*, y siga la orientación ofrecida en la tarjeta para realizar la primera lectura en voz alta.

- **Después de leer**, consulte "Apoyando el desarrollo socioemocional" al reverso de la tarjeta *Hablemos de libros* donde encontrará preguntas adicionales.

Grupos pequeños

Introducción a las áreas de interés

- Seleccione un área de interés para presentarla a los niños.

- Describa los materiales en el área e invíteles a explorarlos.

- Mencione cómo podrían usar los materiales en el juego.

- Muéstreles cómo limpiar el área cuando terminen de jugar.

Mega Minutos

- Use Mega Minutos 94, "Los pollitos". Siga la orientación ofrecida en la tarjeta.

Reunión final

- Recuerde los eventos del día.

- Invite a los niños que hayan trabajado en el área de bloques a describir las estructuras construidas. Si puede imprimir las fotos tomadas durante la hora de escoger actividades, muéstreselas también al grupo.

Pregunta central 3

¿Cuáles son nuestras reglas?

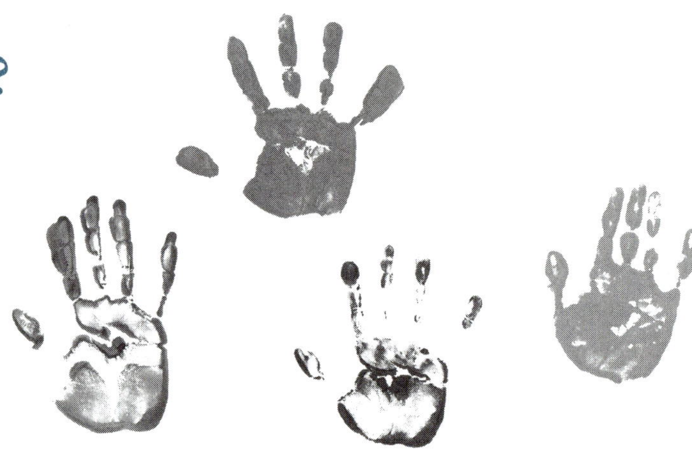

Vocabulario

Español: *regla*

Inglés: *rule*

Todo el grupo

Rutina inicial

- Canten una bienvenida y hablen de quiénes están presentes.

Juego: Tin marín

- Use Mega Minutos 74, "Tin marín". Siga la orientación ofrecida en la tarjeta.

Comentarios y escritura compartida: Escribir las reglas

- Explique, "Nuestro salón de clase debe ser un lugar donde todos nos sintamos seguros. Ayer hablamos de lo que es una *regla*. Pensemos en unas cuantas *reglas* que debemos tener en nuestro salón".

- Consulte Enseñanza Intencional SE09, "Una regla mayor, y una regla menor".

- Siga la orientación en la tarjeta para generar reglas y hacerlas cumplir.

Antes de hacer la transición a las áreas de interés, hable de la ropa para disfrazarse, disponible en el área de juego dramático, y mencione cómo podrían usarla. Repase la pregunta del día. Muestre a los niños que quieren pintar hoy, cómo crear una hoja de registro con sus nombres para que puedan turnarse pintando en el caballete.

Hora de escoger

Al interactuar con los niños en las áreas de interés, dedique tiempo a:

- Observar a los niños mientras juegan en el área de juego dramático.

- Hacerles comentarios y/o preguntas acerca de lo que vea, p. ej., "Te pusiste botas de trabajo y una chaqueta. ¿A dónde vas?"

> **Al hablar de la manera en que juegan los niños, usted los hace más conscientes de que están jugando a ser alguien o a hacer algo.**

Lectura en voz alta

Lea el cuento *Un mundo de familias*.

- **Antes de leer**, muestre la cubierta del libro y pregunte, "¿Qué están haciendo estas familias?"

- **Mientras lee**, invite a los niños a hablar de cómo se relaciona el libro con sus propias familias.

- **Después de leer**, pregunte, "¿Qué les gusta hacer con su familia?" Anote sus ideas. Diga a los niños que el libro estará disponible en la computadora en el Área de computadoras.

Grupos pequeños

Opción 1: Arcilla para moldear

- Use Enseñanza Intencional M52, "Arcilla para moldear", y siga la orientación ofrecida en la tarjeta.

Opción 2: Ensalada de maíz y frijoles negros

- Use Enseñanza Intencional M53, "Ensalada de maíz y frijoles negros", y siga la orientación ofrecida en la tarjeta.

Niños que aprenden una segunda lengua
Al crear grupos pequeños, incluya a niños que están aprendiendo una segunda lengua con niños que hablen la lengua con fluidez. Ayude a que los niños interactúen entre sí. Guíe las conversaciones durante las actividades de manera que los niños tengan indicaciones visuales sobre el significado de las palabras.

Mega Minutos

- Use Mega Minutos 94, "Los pollitos". Adapte la actividad acompañando la canción con instrumentos reales o imaginarios.

Reunión final

- Recuerde los eventos del día.

- Invite a los niños que hayan jugado con ropa para disfrazarse en el área de juego dramático a que hablen acerca de lo que hicieron.

¿Cuáles son nuestras reglas?

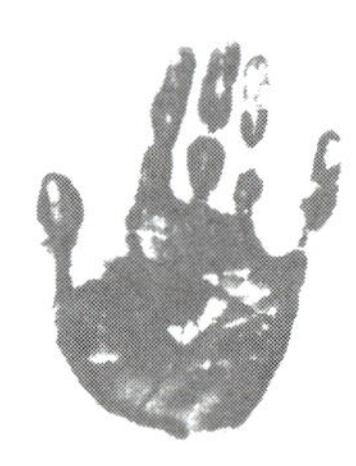

Vocabulario

Español: *posición de descanso*

Inglés: *resting position*

Consulte vocabulario adicional en Hablemos de Libros 17, *Charlie Anderson.*

Todo el grupo

Rutina inicial

- Canten una bienvenida y hablen de quiénes están presentes.

Recitar: "¿Listos?"

- Use Mega Minutos 73, "¿Listos?". Siga la orientación ofrecida en la tarjeta.

Comentarios y escritura compartida: Tocar instrumentos

- Pase alrededor una canasta con instrumentos musicales.

- Invite a los niños a seleccionar un instrumento de la canasta. Si elegir algo es difícil para algunos niños, sostenga dos instrumentos frente a cada niño y pregunte: "¿Cuál de estos instrumentos deseas usar hoy?"

- Recuérdeles que más tarde, durante la hora de escoger actividades, ellos podrán tocar otro instrumento.

- Explique, "Una regla importante para tocar instrumentos musicales es aprender a mantenerlos en *posición de descanso*".

- Muéstreles cómo sostener los instrumentos en posición de descanso, poniendo el instrumento en las rodillas sin tocarlo, hasta que todo el mundo esté listo para tocarlos.

- Toque en alguno de los instrumentos una melodía conocida como "Mary tenía un corderito". Invite a los niños a tocar con usted.

> **Cuando se enseña a sostener el instrumento en posición de descanso, se ayuda a los niños a controlar su impulso de tocar el tambor o de sacudir la pandereta. Controlar los impulsos es parte de aprender auto-regulación.**

Antes de hacer la transición a las áreas de interés, diga que los instrumentos estarán disponibles en el área de música y movimiento para que los usen durante la hora de escoger actividades.

Hora de escoger

Al interactuar con los niños en las áreas de interés, dedique tiempo a:

- Observar a los niños mientras tocan instrumentos en el área de música y movimiento.

- Hablar con ellos acerca de los sonidos que producen los distintos instrumentos.

Lectura en voz alta

Lea el cuento *Charlie Anderson.*

- Use Hablemos de Libros 17, *Charlie Anderson,* y siga la orientación ofrecida en la tarjeta para realizar la segunda lectura en voz alta.

Grupos pequeños

Opción 1: El juego de los nombres

- Use Enseñanza Intencional LL47, "El juego de los nombres", y siga la orientación ofrecida en la tarjeta.

Opción 2: Hacer mi nombre

- Use Enseñanza Intencional LL29, "Hacer mi nombre", y siga la orientación ofrecida en la tarjeta.

> **Para obtener más información relativa a cómo reforzar el conocimiento del alfabeto de los niños, consulte *El Currículo Creativo para educación preescolar, Volumen 3: Lectoescritura,* capítulo 1.**

Mega Minutos

- Use Mega Minutos 44, "Dos tortuguitas redonditas". Siga la orientación ofrecida en la tarjeta.

Reunión final

- Recuerde los eventos del día.
- Hable acerca de la pregunta del día y canten una canción elegida antes por los niños.

¿Cuáles son nuestras reglas?

Vocabulario

Español: *pregunta*
Inglés: *question*

Todo el grupo

Rutina inicial

- Canten una bienvenida y hablen de quiénes están presentes.

Movimiento: Muévete al ritmo

- Use Mega Minutos 91, "Muévete al ritmo". Haga la versión para cantar que está en el reverso de la tarjeta.

Niños que aprenden una segunda lengua
Mientras repasa la pregunta del día y muestra con su mano el número correcto de dedos, diga los números *dos* y *cinco* en la lengua hablada en el salón y en las lenguas que se hablan en los hogares de los niños. Luego pídales repetir cada número en los distintos idiomas y mostrar el número correcto de dedos. Esta actividad ayuda a que los niños que están aprendiendo una segunda lengua se sientan incluidos y los familiariza con nuevos idiomas.

Comentarios y escritura compartida: ¿Qué podemos hacer con las manos?

- Hable de la pregunta del día.

- Consulte Mega Minutos 26, "Patrones de palmadas". Siga la orientación ofrecida en la tarjeta.

- Explique, "Podemos aplaudir".

- Pregunte, "¿Qué más podemos hacer con las manos en la escuela?"

- Escriba las respuestas ofrecidas en un papel para gráficos.

- Si los niños ofrecen sugerencias que contradicen las reglas, agregue una columna llamada: "Lo que no hacemos con las manos en la escuela". Mencione por qué esto sería riesgoso o peligroso.

Antes de hacer la transición a las áreas de interés, recuérdeles que los instrumentos musicales estarán disponibles en el área de música y movimiento y mencione cómo podrían usarlos.

Hora de escoger

Al interactuar con los niños en las áreas de interés, dedique tiempo a:

- Conocer mejor a cada niño y desarrollar relaciones. Converse de lo que les gusta hacer en casa o acerca de su familia, amigos o mascotas.

Lectura en voz alta

Lea el cuento *Dulce de mantequilla de maní*.

- **Antes de leer**, muestre la cubierta del libro y lea el título. Pregunte, "¿De qué creen que se trata este libro?"

- **Mientras lee**, ayude a que los niños entiendan la ilustración en la página donde la madre recuerda cómo hacía dulce de mantequilla de maní con su propia madre.

- **Después de leer**, repase las predicciones de los niños.

Grupos pequeños

Opción 1: ¿Puedes encontrarlo?

- Use Enseñanza Intencional M51, "¿Puedes encontrarlo?"

- Siga la orientación ofrecida en la tarjeta usando objetos comunes del salón.

Opción 2: ¿Dónde debe ir?

- Use Enseñanza Intencional M51, "¿Puedes encontrarlo?"

- Siga la orientación en la tarjeta usando varios objetos comunes del salón.

- Tome fotos de los lugares donde los niños puedan encontrar los objetos y donde deban guardarlos.

- Haga un libro usando las fotos, p. ej., "Las tijeras no van en el área de bloques. Las tijeras van en el área del arte".

Mega Minutos

- Use Mega Minutos 87, "Cinco pollitos". Haga la versión para instrumento que está en el reverso de la tarjeta.

Reunión final

- Recuerde los eventos del día.

- Explique, "Alguien vendrá mañana a visitarnos". Hable acerca de la destreza que la persona va a demostrar usando las manos, p. ej., cocinar, tocar un instrumento musical o construir algo.

- Anime a los niños a generar preguntas para hacerle a la persona visitante, preguntando p. ej., "¿Qué *pregunta* les gustaría hacerle al visitante acerca de tocar la guitarra?"

- Ayude a que los niños verbalicen sus preguntas, p. ej., cuando alguien diga, "Las guitarras son muy grandes para agarrarlas", usted podría responder, "Tú crees que las guitarras son muy grandes para agarrarlas. Hagamos la siguiente *pregunta*, "¿Cómo se agarra una guitarra grande?"

> **Hacer preguntas es una destreza importante que los niños necesitarán para investigar tópicos de estudio durante al año. Consulte Enseñanza Intencional LL54, "Hacer preguntas" para más orientación.**

¿Cuáles son nuestras reglas?

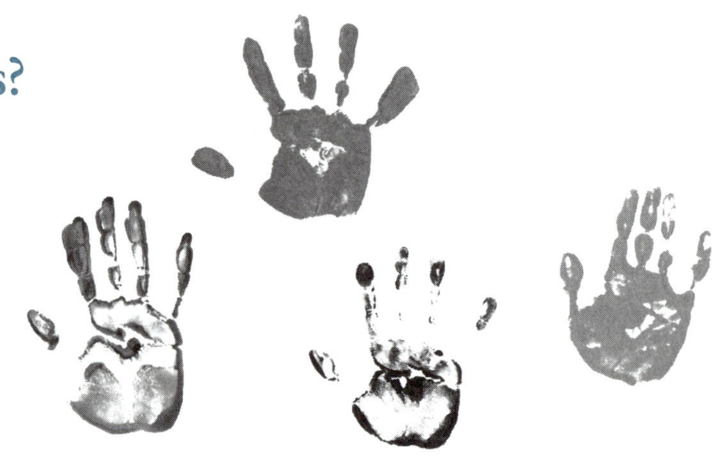

Vocabulario

Español: *recomendación*

Inglés: *recommendation*

Consulte vocabulario adicional en Hablemos de Libros 17, *Charlie Anderson*.

Todo el grupo

Rutina inicial

- Canten una bienvenida y hablen de quiénes están presentes.

Recitar: "¿Listos?"

- Use Mega Minutos 73, "¿Listos?". Siga la orientación ofrecida en la tarjeta.

Comentarios y escritura compartida: Visita de un pariente

- Hable de la pregunta del día.

- Presente al pariente o invite al niño emparentado a presentar a la persona.

- Invite al visitante a describir la destreza que puede realizar.

- Anime a los niños a hacer las preguntas generadas con todo el grupo el día anterior.

- Escriba las respuestas de la persona visitante.

Antes de hacer la transición a las áreas de interés, describa los libros acerca de familias disponibles en el área de biblioteca. Muestre unos cuantos libros y exhíbalos donde puedan ser vistos. Hable de los títulos, las ilustraciones o las historias contadas para que los niños se interesen en ellos.

Hora de escoger

Al interactuar con los niños en las áreas de interés, dedique tiempo a:

- Leer libros con los niños en el área de biblioteca.

> **Leer en voz alta con los niños es la mejor manera de inspirar el gusto por la lectura y de fortalecer las destrezas de lenguaje y lectoescritura.**

Lectura en voz alta

Lea el cuento *Charlie Anderson*.

- Use Hablemos de Libros 17, *Charlie Anderson* y siga la orientación ofrecida en la tarjeta para realizar la tercera lectura en voz alta.

Grupos pequeños

Opción 1: ¿Puedes encontrarlo?

- Use Enseñanza Intencional M51, "¿Puedes encontrarlo?"

- Siga la orientación ofrecida en la tarjeta usando objetos comunes del salón.

Opción 2: ¿Dónde debe ir?

- Use Enseñanza Intencional M51, "¿Puedes encontrarlo?"

- Siga la orientación en la tarjeta usando varios objetos comunes del salón.

- Tome fotos de los lugares donde los niños pueden encontrar los objetos y donde deben guardarlos.

- Haga un libro usando las fotos, p. ej., "Las tijeras no van en el área de bloques. Las tijeras van en el área del arte".

Repetir actividades en grupos pequeños ofrece oportunidades para que los niños refuercen el conocimiento adquirido recientemente.

Mega Minutos

- Use Mega Minutos 87, "Cinco pollitos". Haga la variación que está en el reverso de la tarjeta.

Reunión final

- Recuerde los eventos del día.

- Escriba una nota de agradecimiento al visitante e invite a los niños a hacer dibujos en la nota y firmarla.

- Anime a los niños que hayan leído libros en el área de biblioteca a hablar de los que más hayan disfrutado.

- Invite a quienes hablen acerca de un libro a que escriban su nombre en una nota adhesiva y a que lo peguen en la primera página del libro. Explique, "Cuando se disfruta haciendo algo podemos hacerle una *recomendación* a otras personas. Eso quiere decir que como les gustó tanto, ustedes creen que a otras personas también les gustará. Pueden escribir su nombre en una nota adhesiva y pegarla en el libro que les guste. Esta será su manera de *recomendar* un libro".

Pregunta central 4

¿Cuándo ocurren las cosas en la escuela?

	Día 1	Día 2
Áreas de interés	Música y movimiento: palitos rítmicos	Juguetes y juegos: materiales ensamblables para construir, p. ej., bloques LEGO®, estrellas para armar, bloques que se pegan uno al otro
Pregunta del día	¿Saben cómo se usa esto? (Muestre una ilustración de un reloj).	¿Qué hacemos después de merendar? (Ofrezca dos opciones, p. ej., salir o hacer una siesta).
Todo el grupo	**Poema:** "A la una" **Comentarios y escritura compartida:** Explorar el ritmo **Materiales:** Mega Minutos 80, "A la una"; reloj; palitos rítmicos	**Poema:** "A la una" **Comentarios y escritura compartida:** Nuestro horario **Materiales:** Mega Minutos 80, "A la una"; tarjetas de números; horario de la clase con palabras e ilustraciones
Lectura en voz alta	*Bagels de jalapeños*	*Dulce de mantequilla de maní*
Grupos pequeños	**Opción 1: ¿Dónde está la bolita rellena?** Enseñanza Intencional M56, "¿Dónde está la bolita?"; bolitas rellenas; una canasta o una ponchera; cinta de enmascarar. **Opción 2: Un sendero de piedras** Enseñanza Intencional M55, "Un sendero de piedras"; cinta de enmascarar o tiza	**Opción 1: ¿Dónde está la bolita rellena?** Enseñanza Intencional M56, "¿Dónde está la bolita?"; bolitas rellenas; una canasta o una ponchera; cinta de enmascarar. **Opción 2: Un sendero de piedras** Enseñanza Intencional M55, "Un sendero de piedras"; cinta de enmascarar o tiza
Mega Minutos	Mega Minutos 93, "¿Qué traerá Papá?"	Mega Minutos 25, "¡Alto!"; música para bailar

Dedique tiempo para...

Descubrimientos: varios objetos del salón conocidos; lupas

¿Qué hacemos primero al llegar a la escuela? (Ofrezca dos opciones, p. ej., lavarse las manos o hacer una siesta).

Movimiento: Tracemos letras

Comentarios y escritura compartida: Pistas para saber la hora

Materiales: Mega Minutos 84, "Tracemos letras"; *Quinito, día y noche;* fotos de eventos diarios en la familia; objeto del salon conocido

Materiales para la reunión final: Enseñanza Intencional LL46, "Un cuento mural"; para materiales, véase grupos pequeños

Papi, ¿cuántas estrellas hay en el cielo?

Opción 1: La longitud y la anchura

Enseñanza Intencional M25, "La longitud y la anchura"; recipiente; pedazos de cinta o hilo (uno por niño)

Opción 2: Mañana, tarde y noche

Enseñanza Intencional M60, "Mañana, mediodía y noche"; revistas; tijeras; papel para gráficos; barras de pegamento; marcadores

Mega Minutos 84, "Tracemos letras"

Experiencias al aire libre

Ejercicio divertido

- Use Enseñanza Intencional P16, "Equilibrarse en varias partes del cuerpo", y siga la orientación en la tarjeta.

Colaboración con las familias

- Pídale a las familias traer fotos de eventos diarios del hogar como preparar una comida, lavar platos, lavarse los dientes y leer cuentos.

Pregunta central 4

¿Cuándo ocurren las cosas en la escuela?

Vocabulario

Español: *jalapeño, bagel, reloj*

Inglés: *jalapeño, bagel, clock*

Todo el grupo

Rutina inicial

- Canten una bienvenida y hablen de quiénes están presentes.

Poema: "A la una"

- Use Mega Minutos 80, "A la una". Siga la orientación ofrecida en la tarjeta.

> **A los niños pequeños les gusta explorar los aparatos usados para medir el tiempo. Sin embargo, ellos piensan en el tiempo en términos de "segmentos" del día relacionados con sus experiencias como la merienda, el descanso, el periodo con todo el grupo y la hora de volver a casa. Aprender a decir la hora ocurre típicamente alrededor de los 6 o 7 años de edad.**

Comentarios y escritura compartida: Explorar el ritmo

- Muestre a los niños un reloj de verdad.

- Hable de la pregunta del día.

- Explique, "Un *reloj* es un aparato que mide el tiempo".

- Invite a los niños a escuchar el tic-tac del reloj (o haga usted el sonido tic-tac). Anímelos a mover una parte del cuerpo al compás.

- Luego, sugiérales hacer un compás uniforme con las manos o los pies.

- Presente los palitos rítmicos y demuestre cómo usarlos de manera segura.

- Anímelos a usar los palitos rítmicos para producir un compás continuo mientras cantan "A la una."

- Considere pedirles a los niños que están listos, que toquen los palitos rítmicos para representar la hora en el reloj. Por ejemplo, si usted dice, "A las cuatro voy al teatro", los niños golpean los palitos rítmicos cuatro veces.

Niños que aprenden una segunda lengua
Incorpore las lenguas que se hablan en los hogares en las actividades diarias de la clase mediante canciones, poesía, danzas, rimas y contando números.

Antes de hacer la transición a las áreas de interés, hable de los palitos rítmicos disponibles en el área de música y movimiento y mencione cómo podrían usarlos.

Hora de escoger

Al interactuar con los niños en las áreas de interés, dedique tiempo a:

- Observar a los niños mientras tocan los palitos rítmicos.

- Decir una rima o animarlos a cantar una canción mientras tocan siguiendo el ritmo.

Lectura en voz alta

Lea el cuento *Bagels de jalapeño*.

- **Antes de leer**, muestre la cubierta del libro y lea el título. Diga, "Me pregunto lo que es un *bagel de jalapeños*." Pregunte, "¿Tienen alguna idea de qué es?"

- **Mientras lee**, defina *jalapeño* y *bagel*.

- **Después de leer**, diga, "Pablo prepara muchas comidas especiales con su familia". Pregunte, "¿Hay alguna comida especial que preparen con su familia?"

Leer libros más largos ayuda a que el niño preste atención por periodos de tiempo más prolongados. A menudo los libros más largos tienen tramas más complejas, personajes desarrollados con más profundidad y vocabulario más rico. Si considera que un libro es demasiado largo para su grupo de niños, simplemente divídalo en dos o más de dos lecturas, por ejemplo: lea la primera mitad del libro en la mañana y la segunda en la tarde.

Grupos pequeños

Opción 1: ¿Dónde está la bolita?

- Use Enseñanza Intencional M56, "¿Dónde está la bolita?", y siga la orientación ofrecida en la tarjeta.

Opción 2: Un sendero de piedras

- Use Enseñanza Intencional M55, "Un sendero de piedras", y siga la orientación ofrecida en la tarjeta.

Niños que aprenden una segunda lengua
Las actividades en grupos pequeños, que son dirigidas por el maestro, les ofrecen a los niños que están aprendiendo una segunda lenguas oportunidades de participar e interactuar con otros. Para los niños que han estado trabajando aislados, la estructura de los grupos pequeños es un escalón hacia la participación en grupos más grandes.

Mega Minutos

- Use Mega Minutos 93, "¿Qué traerá papá?"Siga la orientación ofrecida en la tarjeta.

Reunión final

- Recuerde los eventos del día.

- Repita la experiencia con los palitos rítmicos que haya tenido ese día con todo el grupo.

¿Cuándo ocurren las cosas en la escuela?

Vocabulario

Español: *horario*

Inglés: *schedule*

Todo el grupo

Rutina inicial

- Canten una bienvenida y hablen de quiénes están presentes.

Poema: "A la una"

- Use Mega Minutos 80, "A la una". Haga la variación de la tarjeta con números que está en el reverso de la tarjeta.

Comentarios y escritura compartida: Nuestro horario

- Recuerde a los niños que un reloj es un aparato usado para saber la hora.

- Haga la introducción al horario diario del salón (hecho con palabras e imágenes). Explique, "Mirar nuestro *horario* es otra manera de hablar del tiempo y saber qué sigue en nuestro día".

- Lea el horario, hablando brevemente de los distintos momentos del día.

- Practique a que los niños lean el horario. Hable de la pregunta del día.

- Diga, "Hagamos de cuenta que estamos almorzando. Miremos el *horario* para saber qué sigue".

- Repítalo con otras actividades y momento del día.

Antes de hacer la transición a las áreas de interés, hable de los materiales interconectables para construir, disponibles en el área de juguetes y juegos, y explique cómo podrían usarlos y guardarlos.

Niños que aprenden una segunda lengua
Las rutinas de la clase ayudan a que los niños adquieran sentido de seguridad, necesario antes de comenzar a hablar un idioma nuevo.

Hora de escoger

Al interactuar con los niños en las áreas de interés, dedique tiempo a:

- Observar a los niños mientras usan los materiales interconectables y de construcción en el área de juguetes y juegos.

- Hacerles preguntas de respuesta abierta para estimular la conversación acerca de sus trabajos, p. ej., "¿Qué me pueden decir acerca de su construcción?"

- Asignar un área protegida en el salón para exhibir las construcciones de los niños. Otra alternativa sería tomar fotos de sus construcciones para exhibirlas.

Lectura en voz alta

Lea el cuento *Dulce de mantequilla de maní*.

- **Antes de leer**, pregunte, "¿De qué trata este cuento?"

- **Mientras lee**, señale el horario que la mamá deja para que lo sigan la abuela y los niños.

- **Después de leer**, repase el horario y pregunte, "¿La abuela siguió el *horario*?"

> **Para obtener más información acerca de cómo apoyar el desarrollo del vocabulario de los niños, consulte Enseñanza Intencional LL43, "Introducir vocabulario nuevo".**

Grupos pequeños

Opción 1: ¿Dónde está la bolita rellena?

- Use Enseñanza Intencional M56, "¿Dónde está la bolita rellena?", y siga la orientación ofrecida en la tarjeta.

Opción 2: Un sendero de piedras

- Use Enseñanza Intencional M55, "Un sendero de piedras", y siga la orientación ofrecida en la tarjeta.

Mega Minutos

- Use Mega Minutos 25, "¡Alto!". Siga la orientación ofrecida en la tarjeta.

Reunión final

- Recuerde los eventos del día.

- Invite a los niños que hayan construido con los materiales interconectables durante la hora de escoger actividades a que hablen de lo que construyeron.

¿Cuándo ocurren las cosas en la escuela?

Vocabulario

Español: *horario*
Inglés: *schedule*

Todo el grupo

Rutina inicial

- Canten una bienvenida y hablen de quiénes están presentes.

Movimiento: Tracemos letras

- Use Mega Minutos 84, "Tracemos letras". Siga la orientación ofrecida en la tarjeta.

Comentarios y escritura compartida: Pistas para saber qué sigue

- Muestre y hable de las fotos traídas por las familias que muestren eventos diarios en los hogares.

- Lea el cuento *Quinito, día y noche.*

- Muestre el *horario* una vez más al grupo.

- Compare los eventos del día de Quinito con los eventos en el *horario* de su grupo.

- Mencione las pistas que usted da durante el día para informarles que es hora de avanzar a otro evento diario, p. ej., tocar una campana en el patio para indicar que es hora de entrar o un repique o timbre para dar un aviso cinco minutos antes de la hora de recoger y limpiar.

Niños que aprenden una segunda lengua
Presentar a los niños que están aprendiendo una segunda lengua libros en las lenguas que se hablan en sus hogares antes de leerlos en voz alta en la lengua en que se enseña en el salón de clases, refuerza su comprensión de los cuentos. Anime a los niños a escuchar la versión electrónica en la lengua que se habla en su hogar antes de que se lea el libro en el salón de clases.

Antes de hacer la transición a las áreas de interés, muestre un objeto conocido por el grupo y pregunte, "¿Qué es esto? ¿Cómo se usa?" Luego pregunte, "¿De qué otra manera podríamos usarlo?" Invite a los niños a explorar los objetos en el área de los descubrimientos durante la hora de escoger actividades.

Hora de escoger

Al interactuar con los niños en las áreas de interés, dedique tiempo a:

- Hablar con los niños acerca de los objetos en el área de los descubrimientos.

- Animarlos a pensar creativamente en otras maneras de usar los objetos.

- Escribir las ideas ofrecidas.

Lectura en voz alta

Lea el cuento *Papi, ¿cuántas estrellas hay en el cielo?*

- **Antes de leer**, muestre la cubierta del libro y lea el título. Pregunte, "¿Cuántas estrellas creen que hay en el cielo?"

- **Mientras lee**, haga pausas para responder preguntas de los niños acerca del cuento. Explique cualquier palabra que posiblemente no entiendan.

- **Después de leer**, diga, "Al final del cuento, el abuelo cantó a los niños en español. ¿Qué canciones conocen en otro idioma que no sea inglés?" Diga a los niños que el libro estará disponible en la computadora.

Grupos pequeños

Opción 1: La longitud y la anchura

- Use Enseñanza Intencional M25, "La longitud y la anchura", y siga la orientación ofrecida en la tarjeta.

Opción 2: Mañana, mediodía y noche

- Use Enseñanza Intencional M60, "Mañana, mediodía y noche", y siga la orientación en la tarjeta.

- Hable de la pregunta del día.

- Recuérdeles *Quinito, día y noche*.

- Explique, "Quinito hizo distintas cosas en distintos momentos del día.

Mega Minutos

- Use Mega Minutos 84, "Tracemos letras". Siga la orientación ofrecida en la tarjeta.

Reunión final

- Recuerde los eventos del día.

- Muestre fotos de los niños participando en actividades del salón de clase durante varios momentos del día.

- Use Enseñanza Intencional LL46, "Un cuento mural". Siga la orientación ofrecida en la tarjeta y use las fotos para crear un cuento.

Pregunta central 5

¿Quién trabaja en nuestra escuela?

	Día 1	Día 2	Día 3
Áreas de interés	**Música y movimiento:** bolitas rellenas **Computadoras:** la versión electrónica de *El hombrecito de jengibre*	**Actividades culinarias:** equipo, ingredientes para preparar la receta elegida (Elija una receta de una *Tarjeta de enseñanza intencional* o invite a un pariente a traer una receta). **Computadoras:** la versión electrónica de *La canción del barrio*	**Arena y agua:** tazas y cucharas para medir y para mezclar, batidores **Computadoras:** la versión electrónica de *El hombrecito de jengibre*
Pregunta del día	¿Esta persona trabaja en nuestra escuela? (Muestre una foto de alguien que trabaje en la escuela).	¿Ustedes han visto a esta persona en nuestra escuela? (Muestre una foto de alguien que trabaje en la escuela).	¿Este hombre viene a nuestra escuela? (Muestre una foto del hombrecito de jengibre).
Todo el grupo	**Canción:** "Hola Carlos" **Comentarios y escritura compartida:** ¿Quién creen ustedes que trabaja en nuestra escuela? **Materiales:** Mega Minutos 77, "Tengo, tengo"; *Kevin y su papá*	**Juego:** Abejitas zumbadoras **Comentarios y escritura compartida:** Visita de alguien que trabaje en la escuela **Materiales:** Mega Minutos 75, "Abejitas zumbadoras"; Mega Minutos 31, "¿Qué hay dentro de la caja?"; una caja; herramientas usadas por el visitante en su trabajo	**Rima:** "¡A ordenar!" **Comentarios y escritura compartida:** Visita de alguien que trabaje en la escuela **Materiales:** Mega Minutos 82, "¡A ordenar!"; Mega Minutos 31, "¿Qué hay dentro de la caja?"; herramientas usadas por el visitante en su trabajo **Materiales para la reunión final:** un hombrecito de jengibre
Lectura en voz alta	*El hombrecito de jengibre* Hablemos de Libros 13 (primera lectura en voz alta)	*La canción del barrio*	*El hombrecito de jengibre* Hablemos de Libros 13 (segunda lectura en voz alta)
Grupos pequeños	**Opción 1: Tableros para hacer figuras** Enseñanza Intencional M21, "Tableros para hacer figuras"; tableros para hacer figuras; elásticos; tarjetas de figuras con una figurar en cada una **Opción 2: ¿Con cuál tapa?** Enseñanza Intencional M58, "¿Con cuál tapa?"; recipientes con tapas	**Opción 1: Tarjetas de letras** Enseñanza Intencional LL03, "Tarjetas de letras"; tarjetas de letras; objetos manipulables pequeños **Opción 2: Con la *p* de *puerta*** Enseñanza Intencional LL48, "Con la *p* de *puerta*"; tarjetas de letras; cinta pegante	**Opción 1: Tarjetas de letras** Enseñanza Intencional LL03, "Tarjetas de letras"; tarjetas de letras; objetos manipulables pequeños **Opción 2: Con la *p* de *puerta*** Enseñanza Intencional LL48, "Con la *p* de *puerta*"; tarjetas de letras; cinta pegante
Mega Minutos	Mega Minutos 85, "¿Qué rima con tu nombre?"	Mega Minutos 58, "Cucú, cucú"	Mega Minutos 82, "¡A ordenar!"

Dedique tiempo para…

Juguetes y juegos: letras magnéticas

Computadoras: la versión electrónica de *La canción del barrio*

¿Qué hace esta persona en nuestra escuela? (Muestre una foto de alguien que ayude en la escuela y mencione dos trabajos).

Juego: ¿Qué traerá papá?

Comentarios y escritura compartida: El hombrecito de jengibre ha desaparecido

Materiales: Mega Minutos 93, "¿Qué traerá papá?"; nota del hombrecito de jengibre

La canción del barrio

Opción 1: Galletas de jengibre

Enseñanza Intencional M54, "Galletas de jengibre" (Consulte en la tarjeta el equipo, la receta y los ingredientes).

Opción 2: Arcilla para moldear

Enseñanza Intencional M52, "Arcilla para moldear" (Consulte en la tarjeta el equipo, la receta y los ingredientes).

Mega Minutos 01, "La gente de tu vecindario"

Experiencias al aire libre

Ejercicio divertido

- Use Enseñanza Intencional P11, "Saltar al otro lado del río", y siga la orientación ofrecida en la tarjeta.

Colaboración con las familias

- Invite a un pariente a visitar el salón el día 2 y a preparar con los niños algo de comer. Usted puede seleccionar alguna receta de las *Tarjetas de enseñanza intencional* para que la persona invitada la use, o invítele a traer su propia receta e ingredientes.

- Sugiera a las familias que lean y discutan con sus niños las versiones electrónicas de *El hombrecito de jengibre* y *La canción del barrio*.

Experiencias sorprendentes

- Día 2: Visita de alguien que trabaja en la escuela cuyo trabajo se relaciona con la preparación o la entrega de alimentos

- Día 2: Visita de un pariente para cocinar durante la hora de escoger actividades

- Día 3: Visita de alguien que trabaja en la escuela cuyo trabajo se relaciona con mantenimiento y/o la limpieza

¿Quién trabaja en nuestra escuela?

Vocabulario

Consulte vocabulario en Hablemos de Libros 13,
El hombrecito de jengibre (*The Gingerbread Man*).

Todo el grupo

Niños que aprenden una segunda lengua
Use juegos de roles y pantomimas para ayudar a los niños a aprender vocabulario nuevo. Estas técnicas, son efectivas para todos los niños, y ayudan particularmente a aquellos que están aprendiendo una segunda lengua.

Rutina inicial

• Canten una bienvenida y hablen de quiénes están presentes.

Canción: "Hola Carlos"

• Use Mega Minutos 77, "Tengo, tengo" Siga la orientación ofrecida en la tarjeta.

• Escriba *Hola* en letras grandes y señálelas a medida que canta.

Comentarios y escritura compartida: ¿Quién creen ustedes que trabaja en nuestra escuela?

Lea el cuento *Kevin y su papá*.

• Usando ejemplos del cuento, hable de las maneras en que los parientes se ayudan unos a otros en el hogar.

• Explique, "Así como los parientes se ayudan unos a otros en el hogar, nosotros nos ayudamos en la escuela. Aquí hay personas especiales que ayudan a preparar nuestra comida y a mantener limpia nuestra escuela".

• Hable de la pregunta del día.

• Diga, "Mañana alguien nos visitará. Es alguien que ayuda en nuestra escuela".

• Déles pistas y anímeles a adivinar cuál es el trabajo de la persona.

• Después de que los niños hayan identificado a quien va a venir, pregunte, "¿Qué les gustaría preguntarle a nuestro visitante mañana? Yo quiero preguntarle, '¿Usted usa ropa especial para hacer su trabajo?'" Cuando da ejemplos de cómo hacer preguntas, los niños aprenden que el salón de clase es un buen lugar para hacerse preguntas a sí mismos, a los demás y buscar respuestas.

• Escriba las respuestas ofrecidas.

Antes de hacer la transición a las áreas de interés hable de las bolitas rellenas disponibles en el área de música y movimiento y mencione cómo podrán usarlas para tratar de balancearlas usando distintas partes del cuerpo.

Hora de escoger

Al interactuar con los niños en las áreas de interés, dedique tiempo a:

- Animar a los niños a tratar de mantener balanceadas bolitas rellenas en distintas partes del cuerpo mientras se mueven de distintas maneras, p. ej., balancear una bolita en la cabeza mientras saltan, en la espalda mientras gatean y en una rodilla mientras caminan como cangrejos.

- Tome fotos de los niños balanceando las bolitas rellenas.

Lectura en voz alta

Lea el cuento *El hombrecito de jengibre.*

- Consulte Hablemos de Libros 13, *"El hombrecito de jengibre"*, y siga la orientación ofrecida en la tarjeta para realizar la primera lectura en voz alta.

- Diga a los niños que el libro estará disponible en la computadora.

Grupos pequeños

Opción 1: Tableros para hacer figuras

- Use Enseñanza Intencional M21, "Tableros para hacer figuras", y siga la orientación ofrecida en la tarjeta.

Opción 2: ¿Con cuál tapa?

- Use Enseñanza Intencional M58, "¿Con cuál tapa?", y siga la orientación ofrecida en la tarjeta.

Niños que aprenden una segunda lengua
Al formar parejas de niños para una actividad, considere establecer un sistema en el cual los niños que hablan la lengua hablada en el salón sean compañeros de quienes están aprendiendo la lengua. Forme parejas de niños que se sientan cómodos y exitosos cuando trabajan juntos.

Mega Minutos

- Use Mega Minutos 85, "¿Qué rima con tu nombre?". Siga la orientación ofrecida en la tarjeta.

Reunión final

- Recuerde los eventos del día.
- Invite a quienes hayan balanceado bolitas rellenas durante la hora de escoger actividades a comentar lo que hayan descubierto.

- Mencione a los niños que al día siguiente vendrán dos visitantes.

Día 2 — Pregunta central 5

¿Quién trabaja en nuestra escuela?

Vocabulario

Español: *vecindario*
Inglés: *neighborhood*

Todo el grupo

Rutina inicial

- Canten una bienvenida y hablen de quiénes están presentes.

Juego: Abejitas zumbadoras

- Use Mega Minutos 75, "Abejitas zumbadoras". Siga la orientación ofrecida en la tarjeta.

Comentarios y escritura compartida: Visita de alguien que trabaje en la escuela

- Hable de la pregunta del día.

- Repase Mega Minutos 31, "¿Qué hay dentro de la caja?".

- Siga la orientación de la tarjeta usando herramientas usadas por la persona que trabaja en la escuela.

- Presente a la persona visitante e invítele a hablar con los niños acerca de su trabajo.

- Anime a los niños a hacer las preguntas que hayan generado el día anterior.

- Escriba las respuestas de la persona visitante.

> Tome fotos de cada trabajador de la escuela cuando los niños aprenden algo de ellos. Exhiba las fotos con los nombres y funciones de los trabajadores.

Antes de hacer la transición a las áreas de interés, hable de la receta que podrían preparar con la persona visitante en el área de actividades culinarias.

Hora de escoger

Al interactuar con los niños en las áreas de interés, dedique tiempo a:

- Ayudar a los niños a preparar la receta en el área de actividades culinarias.

- Si está usando una *Tarjeta de enseñanza intencional*, seguir la orientación ofrecida en la tarjeta.

> Si cuenta con algún pariente voluntario en su salón, es posible que él o ella se sienta a gusto con las actividades culinarias. Un par de manos adicionales al principio del año, le darán libertad a usted para ser más receptivo con quienes estén realizando en el salón otras actividades distintas a las culinarias.

Lectura en voz alta

Lea el cuento *La canción del barrio.*

- **Antes de leer**, muestre la cubierta del libro y lea el título. Pregunte, "¿Qué es un barrio o *vecindario*?"

- **Mientras lee**, cante las palabras del libro al son de "Las ruedas del camión".

- **Después de leer**, pregunte, "¿Qué clase de cosas hacen ustedes en su *vecindario*?" Diga a los niños que el libro estará disponible en la computadora en el área de computadoras.

Grupos pequeños

Opción 1: Tarjetas de letras

- Use Enseñanza Intencional LL03, "Tarjetas de letras", y siga la orientación ofrecida en la tarjeta.

Opción 2: Con la *p* de *puerta*

- Use Enseñanza Intencional LL48, "Con la *p* de *puerta*", y siga la orientación ofrecida en la tarjeta.

Mega Minutos

- Use Mega Minutos 58, "Cucú, cucú". Siga la orientación ofrecida en la tarjeta.

Reunión final

- Recuerde los eventos del día.

- Mencione que otra persona que trabaja en la escuela visitará el salón al día siguiente. Explique el trabajo que realiza.

- Pregunte, "¿Qué les gustaría preguntarle mañana a nuestro visitante?"

- Escriba las respuestas ofrecidas.

Niños que aprenden una segunda lengua
Algo común para los niños que están aprendiendo una segunda lengua es dejar de hablar la lengua que se habla en su hogares en clase y usar expresiones no verbales en lugar de hablar cuando se dan cuenta de que otros no los entienden. Esto no es una indicación ni de sus habilidades ni de su disposición a participar. Durante este periodo no verbal, los niños usan expresiones faciales, movimientos corporales y gestos para comunicarse.

Pregunta central 5

¿Quién trabaja en nuestra escuela?

Vocabulario

Consulte vocabulario en Hablemos de Libros 13,
El hombrecito de jengibre (*The Gingerbread Man*).

Todo el grupo

Rutina inicial

- Canten una bienvenida y hablen de quiénes están presentes.

Rima: "¡A ordenar!"

- Use Mega Minutos 82, "¡A ordenar!" Siga la orientación ofrecida en la tarjeta.

Comentarios y escritura compartida: Visita de alguien que trabaje en la escuela

- Repase Mega Minutos 31, "¿Qué hay dentro de la caja?"

- Siga la orientación en la tarjeta usando herramientas usadas por la persona visitante en el trabajo.

- Presente a la persona e invítela a hablar con los niños acerca de su trabajo.

- Anímeles a hacer las preguntas que hayan generado el día anterior.

- Escriba las respuestas de la persona visitante.

Antes de hacer la transición a las áreas de interés, hable de las herramientas disponibles en el área de arena y agua y mencione cómo podrían usarlas.

Hora de escoger

Al interactuar con los niños en las áreas de interés, dedique tiempo a:

- Observar a los niños mientras usan los utensilios de cocina en el área de arena y agua.

- Hacer preguntas para animarles a explorar los materiales y explicar el proceso., p. ej, "¿Qué ocurrió cuando mezclaste la arena con el batidor? ¿Cuántas tazas crees que se necesitan para llenar ese recipiente?"

Lectura en voz alta

Lea el cuento *El hombrecito de jengibre.*

- Use Hablemos de Libros 13, *El hombrecito de jengibre* y siga la orientación ofrecida en la tarjeta para realizar la segunda lectura en voz alta.

Grupos pequeños

Opción 1: Tarjetas de letras

- Use Enseñanza Intencional LL03 "Tarjetas de letras", y siga la orientación ofrecida en la tarjeta.

Opción 2: Con la *p* de *puerta*

- Use Enseñanza Intencional LL48, "Con la *p* de *puerta*", y siga la orientación ofrecida en la tarjeta.

Mega Minutos

- Use Mega Minutos 82, "¡A ordenar!". Siga la orientación ofrecida en la tarjeta.

Reunión final

- Recuerde los eventos del día.

- Escriba una nota de agradecimiento a los visitantes del día anterior y de hoy, e invite a los niños a hacer dibujos en la nota y firmarla.

- Hable de la pregunta del día.

- Muestre a los niños el hombrecito de jengibre (que puede ser hecho de masa o materiales de arte).

- Explique, "Este es el hombrecito de jengibre, igual al de nuestro cuento. Es nuestro nuevo amigo y vino a visitar nuestro salón. Pero vamos a tener que dejarlo aquí esta noche y continuaremos la visita mañana. Sentémoslo en esta silla para que pueda estar con nosotros en la reunión de mañana".

Antes de la reunión final al día siguiente, entregue el hombrecito de jengibre a alguien que trabaje en la escuela. Pídale inventar una historia divertida acerca de cómo atrapó al hombrecito de jengibre. Deje una nota en la silla donde los niños lo hayan visto por última vez que diga, "Corran, corran a todo dar. ¡Soy el hombrecito de jengibre y nadie me puede alcanzar!". Llevará a los niños por una caminata por la escuela para que conozcan a las personas que trabajan allí a la vez que buscan el hombrecito de jengibre.

¿Quién trabaja en nuestra escuela?

Vocabulario

Español: *vecindario*

Inglés: *neighborhood*

Todo el grupo

Rutina inicial

- Canten una bienvenida y hablen de quiénes están presentes.

Juego: ¿Qué traerá Papá?

- Use Mega Minutos 93, "¿Qué traerá papá?" Siga la orientación ofrecida en la tarjeta.

> **A los niños les encanta la intriga y el juego dramático. El pensamiento imaginario los ayuda a darle sentido a sus experiencias e intentar nuevas maneras de resolver los problemas. Recuerde darle seguimiento siempre a esas experiencias preguntando, "¿Esto ocurrió de verdad o es imaginario?" Eso ayuda a los niños a pensar en la diferencia.**

> **Antes de caminar por la escuela, asegúrese de haberle dado el hombrecito de jengibre a la última persona que los niños verán en el recorrido y que esté preparado/a para contarles cómo atrapó al hombrecito de jengibre.**

Comentarios y escritura compartida: El hombrecito de jengibre ha desaparecido

- Muestre a los niños el lugar donde usted colocó al hombrecito de jengibre el día anterior y dirija la atención a la nota que fue dejada en su silla. Lean la nota juntos: "Corran, corran a todo dar. ¡Soy el hombrecito de jengibre y nadie me puede alcanzar!"

- Exclame, "¡Él ha desaparecido! Me pregunto a dónde se fue".

- Pregunte, "¿A dónde creen que se ha ido?"

- Diga, "Caminemos por la escuela para preguntarle a quien encontremos si tienen alguna pista acerca de nuestro hombrecito de jengibre".

Antes de hacer la transición a las áreas de interés, hable de las letras magnéticas, disponibles en el área de juguetes y juegos, y mencione cómo podrían usarlas.

Hora de escoger

Al interactuar con los niños en las áreas de interés, dedique tiempo a:

- Observar a los niños mientras juegan con las letras magnéticas en el área de juguetes y juegos.

- Prestar atención a las letras y sonidos de las letras que conocen.

Lectura en voz alta

Lea el cuento *La canción del barrio*.

- **Antes de leer**, pregunte, "¿De que se trata este libro?"

- **Mientras lee**, anime a los niños a cantar con usted.

- **Después de leer**, mire el libro con los niños. Pregunte: "¿Qué tipo de cosas hace la gente en sus vecindarios que también hacemos en la escuela?" Diga a los niños que el libro estará disponible en la computadora en el Área de computadoras.

Grupos pequeños

Opción 1: Galletas de jengibre

- Use Enseñanza Intencional M54, "Galletas de jengibre", y siga la orientación ofrecida en la tarjeta.

Opción 2: Arcilla para moldear

- Use Enseñanza Intencional M52, "Arcilla para moldear", y siga la orientación ofrecida en la tarjeta.

Mega Minutos

- Use Mega Minutos 01, "La gente de tu vecindario." Siga la orientación ofrecida en la tarjeta usando la gente que los niños visitaron por la escuela.

Reunión final

- Recuerde los eventos del día.

- Hable de la pregunta del día.

- Hablen acerca de las personas que conocieron al caminar por la escuela.

Pregunta central 6

¿Cómo hacemos y mantenemos amistades? ¿Cómo podemos ser parte de este grupo?

	Día 1	Día 2	Día 3
Áreas de interés	**Juguetes y juegos:** tableros para hacer figuras **Computadoras:** la versión electrónica de *El hombrecito de jengibre*	**Bloques:** bloques de distintas formas	**Arte:** materiales para hacer tarjetas
Pregunta del día	¿Pueden hacer esta figura con las manos? (Muestre una imagen de un triángulo).	¿Saben qué es esto? (Muestre una foto de una piñata).	¿Qué les gusta hacer con sus amigos? (Proporcione notas adhesivas para que garabateen o dibujen).
Todo el grupo	**Canción:** "Te saludamos todos" **Comentarios y escritura compartida:** Turnarse **Materiales:** Mega Minutos 78, "Te saludamos todos"; Enseñanza Intencional P22, "Seguir al líder"; camión de juguete	**Juego:** Letras y nombres **Comentarios y escritura compartida:** La amistad **Materiales:** Mega Minutos 92, "Letras y nombres"; tarjetas de letras; *Las aventuras de Gary y Harry*; varios bloques de distintas formas	**Rima:** "El baile de los nombres" **Comentarios y escritura compartida:** La amistad **Materiales:** Mega Minutos 60, "El baile de los nombres"; Enseñanza Intencional SE19, "Tarjetas de amor y amistad"
Lectura en voz alta	*El hombrecito de jengibre* Hablemos de Libros 13 (tercera lectura en voz alta)	*¡Viva!…¡una piñata!*	*¡Qué montón de tamales!* Hablemos de Libros 21 (primera lectura en voz alta)
Grupos pequeños	**Opción 1: Hacer libros** Enseñanza Intencional LL04, "Hacer libros"; cartón o cartulina; papel; lápices, crayones o marcadores; materiales de encuadernación **Opción 2: Hacer libros en la computadora** Enseñanza Intencional LL02, "Hacer libros en la computadora"; cámara digital; computadora; listas de palabras de cada niño; impresora; papel; materiales de encuadernación	**Opción 1: Hacer libros** Enseñanza Intencional LL04, "Hacer libros"; cartón o cartulina; papel; lápices, crayones o marcadores; materiales de encuadernación **Opción 2: Hacer libros en la computadora** Enseñanza Intencional LL02, "Hacer libros en la computadora"; cámara digital; computadora; listas de palabras; impresora y papel; materiales de encuadernación	**Opción 1: Hacer libros** Enseñanza Intencional LL04, "Hacer libros"; cartón o cartulina; papel; lápices, crayones o marcadores; materiales de encuadernación **Opción 2: Hacer libros en la computadora** Enseñanza Intencional LL02, "Hacer libros en la computadora"; cámara digital; una computadora; listas de palabras; impresora y papel; materiales de encuadernación
Mega Minutos	Mega Minutos 96, "La gallinita populada"	Mega Minutos 42, "Ven a jugar"	Mega Minutos 96, "La gallinita populada"

Día 4	Día 5	Dedique tiempo para…
Biblioteca: libros acerca de la amistad **Computadoras:** la versión electrónica de *Hoy: Pizza como quiera*	**Arte:** plastilina	
¿Qué libro les gustaría leer hoy? (Muestre dos libros acerca de la amistad).	¿Qué deben hacer si tu y algún amigo quieren usar el mismo juguete? (Gritar o turnarse.)	
Movimiento: Muévete al ritmo **Comentarios y escritura compartida:** Libro de nuestro grupo **Materiales:** Mega Minutos 91, "Muévete al ritmo"; tambor; Mega Minutos 42, "Ven a jugar"; libro de la clase	**Juego:** Clasificar sílabas **Comentarios y escritura compartida:** Resolver conflictos **Materiales:** Mega Minutos 95, "Clasificar sílabas"; tres aros *hula*; números *1, 2, 3* Enseñanza Intencional SE08, "Para solucionar problemas en grupo"	
Hoy: Pizza como quiera	*¡Qué montón de tamales!* Hablemos de Libros 21 (segunda lectura en voz alta)	
Opción 1: Mi turno al micrófono Enseñanza Intencional SE10, "Mi turno al micrófono"; un micrófono de verdad o de juguete **Opción 2: Grabar mi turno con el micrófono** Enseñanza Intencional SE10, "Mi turno al micrófono"; micrófono real o de juguete; cámara de video o grabadora	**Opción 1: Contar con rimas** Enseñanza Intencional M13, "Contar con rimas"; motas de algodón o pompones blancos; papel de construcción verde; tarjetas de números **Opción 2: Hacer rebotar y contar** Enseñanza Intencional M18, "Hacer rebotar y contar"; varias pelotas que reboten	
Mega Minutos 25, "¡Alto!"; música para bailar	Mega Minutos 42, "Ven a jugar"	

Experiencias al aire libre

Ejercicio divertido

- Use Enseñanza Intencional P22, "Seguir al líder", y siga la orientación ofrecida en la tarjeta.
- Haga énfasis en turnarse para ser líder.

Colaboración con las familias

- Invite a los parientes a que acompañen al grupo a caminar alrededor de la escuela la próxima semana.
- Sugiera a las familias que lean y discutan con sus niños las versiones electrónicas de *El hombrecito de jengibre* y *Hoy: Pizza como quiera*.

Niños que aprenden una segunda lengua

Jugar a "Seguir al Líder" es una buena manera de animar a todos los niños a participar como líderes en el salón de clase. La actividad no requiere que los niños dominen la lengua que están aprendiendo.

Pregunta central 6

¿Cómo hacemos y mantenemos amistades? ¿Cómo podemos ser parte de este grupo?

Vocabulario

Español: *turnarse*

Inglés: *take turns*

Consulte vocabulario adicional en Hablemos de Libros 13, *El hombrecito de jengibre (The Gingerbread Man)*.

Todo el grupo

Rutina inicial

- Canten una bienvenida y hablen de quiénes están presentes.

Canción: "Te saludamos todos"

- Use Mega Minutos 78, "Te saludamos todos". Siga la orientación ofrecida en la tarjeta.

Niños que aprenden una segunda lengua
Observe con cuidado a los niños que están aprendiendo una segunda lengua cuando la clase esté cantando al unísono. Quienes aún no han comenzado a usar la lengua que están aprendiendo en el salón con otras personas, a menudo comienzan a usarlo por primera vez cantando en grupo.

Comentarios y escritura compartida: Turnarse

- Use Enseñanza Intencional P22, "Seguir al líder", y siga la orientación en la tarjeta.

- Después de que los niños de una pareja se hayan turnado, explique, "Ustedes *se turnaron* para ser líderes en ese juego".

- Pregunte, "¿Qué significa *turnarse*?"

- Comente las respuestas ofrecidas.

- Diga, "Hagamos de cuenta que estoy jugando con este camión y que ustedes quieren tener un *turno*. ¿Qué pueden hacer para dejarme saber que ustedes quisieran tener un *turno*?"

- Escriba sus respuestas. Comente las respuestas que no cumplan con las reglas de la clase y reoriente la conversación. Diga, p. ej., "A veces los niños les quitan las cosas a otros cuando quieren un *turno*. Una de nuestras reglas es 'Ser amable con los demás'. Quitarle algo a alguien no es ser amable. ¿Cuál es una manera amable en que podrían dejarle saber que quieren tener un *turno*?"

Niños que aprenden una segunda lengua
Asegúrese de que los niños entiendan qué significa tener un turno. La mayoría de los niños pequeños piensan literalmente, por eso pueden malentender el significado de la frase. Un niño que está aprendiendo una segunda lengua puede que conozca el concepto pero no la expresión en esa lengua.

> **Los niños de tres y cuatro años de edad están comenzando a aprender a compartir. Cuando tengan dificultad, aproveche la oportunidad para enseñarles a resolver problemas cooperadamente. Diga, p. ej., "¿Qué podemos hacer para que ambos tengan un turno?"**

Antes de hacer la transición a las áreas de interés, repase la pregunta del día. Hable de los tableros para hacer figuras, disponibles en el área de juguetes y juegos, y mencione cómo podrían usarlos.

Hora de escoger

Al interactuar con los niños en las áreas de interés, dedique tiempo a:

- Observar cómo usan los niños los tableros para hacer figuras.
- Escuchar las palabras que usan para describir las figuras creadas.

- Hacerles preguntas para animarles a pensar acerca de las figuras, p. ej., "¿Cómo puedes agrandar tu triángulo?"
- Invitar a los niños a preservar sus tableros con diseños para mostrarlos al grupo ese día.

Lectura en voz alta

- Lea el cuento *El hombrecito de jengibre.*
- Use Hablemos de Libros 13, "*El hombrecito de jengibre*", y siga la orientación ofrecida en la tarjeta para

realizar la primera lectura en voz alta.

- Diga a los niños que el libro estará disponible en la computadora.

Grupos pequeños

Opción 1: Hacer libros

- Use Enseñanza Intencional LL04, "Hacer libros", y siga la orientación ofrecida en la tarjeta.
- Anime a los niños a crear un libro acerca de lo que les gusta hacer juntos en la escuela.

Opción 2: Hacer libros en la computadora

- Use Enseñanza Intencional LL02, "Hacer libros en la computadora", y siga la orientación ofrecida en la tarjeta.

- Anime a los niños a crear un libro acerca de lo que les gusta hacer juntos en la escuela.

> **Proporcionar una cámara digital para que los niños tomen sus propias fotos les da mayor sentido de propiedad en el proceso de hacer libros.**

Mega Minutos

- Use Mega Minutos 96, "La gallinita popujada". Siga la orientación ofrecida en la tarjeta.

Reunión final

- Recuerde los eventos del día.
- Invite a quienes hayan trabajado con los tableros para hacer figuras durante la

hora de escoger actividades a mostrarles sus creaciones al grupo. Anímeles a usar términos que describan las figuras hechas.

¿Cómo hacemos y mantenemos amistades?
¿Cómo podemos ser parte de este grupo?

Vocabulario

Español: *piñata, amigos*
Inglés: *piñata, friends*

Todo el grupo

Rutina inicial

- Canten una bienvenida y hablen de quiénes están presentes.

Juego: Letras y nombres

- Use Mega Minutos 92, "Letras y nombres" Siga la orientación ofrecida en la tarjeta.

Comentarios y escritura compartida: La amistad

Lea el cuento *Las aventuras de Gary & Harry*.

- Pregunte, "¿Cómo saben ustedes que Gary y Harry eran amigos? ¿Qué hicieron ellos para demostrar que eran amigos?"

- Escriba las respuestas ofrecidas.

Para obtener más información relativa a cómo ayudar a los niños a interactuar con los compañeros y hacer amigos, consulte *Volumen 5: Objetivos para el desarrollo y el aprendizaje*, Objetivo 2.

Antes de hacer la transición a las áreas de interés, muestre algunos de los bloques que tienen distinta forma, disponibles en el área de bloques. Pregunte, "¿Qué figuras ven en este bloque? ¿En qué se parece este bloque a ese otro? ¿En qué se diferencian?" Invite a los niños a construir con los bloques durante la hora de escoger actividades.

Hora de escoger

Al interactuar con los niños en las áreas de interés, dedique tiempo a:

- Hablar con los niños acerca de las estructuras que construyan en el área de bloques. Pregunte, "¿Qué me pueden decir acerca de la estructura que construyeron?"

- Conversar con cada uno de ellos acerca de lo que les gusta hacer con sus amigos.

Lectura en voz alta

Lea el cuento *¡Viva!... ¡una piñata!*

- **Antes de leer**, hable de la pregunta del día.

- **Mientras lee**, señale dónde está Lucky en las ilustraciones. Explique, "Samson fue tan buen amigo que le consiguió a Clara otra piñata para su fiesta. Los amigos se ayudan unos a otros".

- **Después de leer**, invite a los niños a hablar de sus experiencias con piñatas.

> **Leer libros más largos ayuda a que el niño preste atención por periodos de tiempo más prolongados. A menudo los libros más largos tienen tramas más complejas, personajes desarrollados con más profundidad y vocabulario más rico. Si considera que un libro es demasiado largo para su grupo de niños, simplemente divídalo en dos o más de dos lecturas, por ejemplo: lea la primera mitad del libro en la mañana y la segunda en la tarde.**

Grupos pequeños

Opción 1: Hacer libros

- Use Enseñanza Intencional LL04, "Hacer libros", y siga la orientación ofrecida en la tarjeta.

- Anime a los niños a crear un libro acerca de lo que les gusta hacer juntos en la escuela.

Opción 2: Hacer libros en la computadora

- Use Enseñanza Intencional LL02, "Hacer libros en la computadora", y siga la orientación ofrecida en la tarjeta.

- Anime a los niños a crear un libro acerca de lo que les gusta hacer juntos en la escuela.

Mega Minutos

- Use Mega Minutos 42, "Ven a jugar". Siga la orientación ofrecida en la tarjeta.

- Pida a los niños que presten atención al cambio entre los pronombres personales él y ella a medida que canten la canción con sus nombres.

Reunión final

- Recuerde los eventos del día.

- Invite a los niños a hablar de sus experiencias construyendo en el área de bloques.

Pregunta central 6

¿Cómo hacemos y mantenemos amistades?
¿Cómo podemos ser parte de este grupo?

Vocabulario

Consulte vocabulario en Hablemos de Libros 21, *¡Qué montón de tamales!* (*Too Many Tamales*).

Todo el grupo

Rutina inicial

- Canten una bienvenida y hablen de quiénes están presentes.

Juego: El baile de los nombres

- Use Mega Minutos 60, "El baile de los nombres". Siga la orientación ofrecida en la tarjeta.

Comentarios y escritura compartida: La amistad

- Recuerde la amistad entre Gary y Harry (comentada el día anterior con todo el grupo) y entre Clara y Samson (comentada el día anterior durante la lectura en voz alta).

- Recuerde a los niños lo que les gustaba hacer juntas a esas parejas de amigos.

- Hable de la pregunta del día.

- Pregunte, "¿A ustedes qué les gusta hacer con sus amigos?"

- Escriba las respuestas ofrecidas.

Antes de hacer la transición a las áreas de interés, hable de los materiales en el área de biblioteca y mencione cómo podrían usarlos para hacerle una tarjeta a un amigo.

Para obtener más información consulte Enseñanza Intencional SE19, "Tarjetas de amor y amistad".

Hora de escoger

Al interactuar con los niños en las áreas de interés, dedique tiempo a:

- Hablar con los niños acerca de su trabajo en el área de biblioteca.

- Si se lo piden, escribir en la tarjeta las palabras que ellos digan.

- Animarles a hablar del amigo a quien le están haciendo la tarjeta.

Lectura en voz alta

Lea *¡Qué montón de tamales!*

- Use Hablemos de Libros 21, *¡Qué montón de tamales!,* y siga la orientación ofrecida en la tarjeta para realizar la primera lectura en voz alta.

Grupos pequeños

Opción 1: Hacer libros

- Use Enseñanza Intencional LL04, "Hacer libros", y siga la orientación ofrecida en la tarjeta.

- Anime a los niños a crear un libro acerca de lo que les gusta hacer juntos en la escuela.

Opción 2: Hacer libros en la computadora

- Use Enseñanza Intencional LL02, "Hacer libros en la computadora", y siga la orientación ofrecida en la tarjeta.

- Anime a los niños a crear un libro acerca de lo que les gusta hacer juntos en la escuela.

Mega Minutos

- Use Mega Minutos 96, "La gallinita popujada". Siga la orientación ofrecida en la tarjeta.

Niños que aprenden una segunda lengua
Esta es una buena oportunidad para contar en las lenguas que se hablan en el hogar de los niños y en la lengua hablada en el salón. Esta actividad ayuda a que los niños que están aprendiendo la lengua se sientan incluidos y familiariza a los demás con un nuevo idioma.

Reunión final

- Recuerde los eventos del día.

- Invite a los niños que hayan hecho tarjetas en el área de biblioteca a mostrar sus trabajos al grupo.

Pregunta central 6

¿Cómo hacemos y mantenemos amistades?
¿Cómo podemos ser parte de este grupo?

Vocabulario

Español: *micrófono*

Inglés: *microphone*

Todo el grupo

Rutina inicial

- Canten una bienvenida y hablen de quiénes están presentes.

Movimiento: Muévete al ritmo

- Use Mega Minutos 91, "Muévete al ritmo". Siga la orientación ofrecida en la tarjeta.

Comentarios y escritura compartida: Libro de nuestro grupo

- Use Mega Minutos 42, "Ven a jugar". Siga la orientación ofrecida en la tarjeta.

- Mientras cuenta a los niños que se acercan y que se alejan del árbol, escriba el número mientra usted y los niños lo dicen.

- Explique, "Subirse en los árboles con amigos parece algo muy divertido".

- Diga, "Leamos el libro que hicimos acerca de lo que les gusta hacer con sus amigos en la escuela".

- Lea el libro creado por los niños en grupos pequeños los últimos días.

- Anime a los niños a leer las páginas que hayan creado.

Antes de hacer la transición a las áreas de interés, comente que los libros acerca de los amigos están disponibles en el área de biblioteca y mencione cómo podrían usarlos. Repase le pregunta del día. Invite a los niños que estén interesados a reunirse con usted en el área de la biblioteca para escuchar el cuento que escribieron cuando respondieron a la pregunta del día.

Hora de escoger

Al interactuar con los niños en las áreas de interés, dedique tiempo a:

- Leer con los niños libros acerca de los amigos en el área de biblioteca.

- Invitarlos a asociar los cuentos con sus propias experiencias con la amistad.

Lectura en voz alta

Lea el cuento *Hoy: Pizza como quiera*.

- **Antes de leer**, muestre la cubierta del libro, y pregunte, ¿De qué creen que trata este libro?

- **Mientras lee**, invite a los niños a hacer comentarios de las pizzas en el cuento.

- **Después de leer**, pregunte, "¿Cuáles pizzas les gustaron más? ¿Por qué?" Diga a los niños que el libro estará disponible en la computadora.

Grupos pequeños

Opción 1: Mi turno al micrófono

- Use Enseñanza Intencional SE10, "Mi turno al micrófono", y siga la orientación ofrecida en la tarjeta.

Opción 2: Grabar mi turno con el micrófono

- Use Enseñanza Intencional SE10, "Mi turno al micrófono", y siga la orientación ofrecida en la tarjeta.

- Mientras los niños se turnan con el micrófono, haga grabaciones de audio o digitales para verlas u oírlas después.

Mega Minutos

- Use Mega Minutos 25, "¡Alto!". Siga la orientación ofrecida en la tarjeta.

Reunión final

- Recuerde los eventos del día.

- Invite a los niños que hayan mirado libros acerca de la amistad en el área de biblioteca a que hablen de uno de los cuentos que hayan disfrutado.

¿Cómo hacemos y mantenemos amistades?
¿Cómo podemos ser parte de este grupo?

Vocabulario

Consulte vocabulario en Hablemos de Libros 21, *¡Qué montón de tamales!* (*Too Many Tamales*).

Todo el grupo

Rutina inicial

- Canten una bienvenida y hablen de quiénes están presentes.

Juego: Clasificar sílabas

- Use Mega Minutos 95, "Clasificar sílabas". Siga la orientación ofrecida en la tarjeta.

> **Ayudar a que los niños le presten atención a unidades de sonido cada vez más pequeñas desarrolla la conciencia fonológica infantil. Con el tiempo, los niños aprenden que las ideas se expresan en oraciones. Las oraciones se forman con palabras. Las palabras se pueden dividir en sílabas y fonemas. Estos sonidos se pueden combinar de varias maneras para formar palabras que tienen significado.**

Comentarios y escritura compartida: Resolver conflictos

- Consulte Enseñanza Intencional SE08, "Para solucionar los problemas en grupo".

- Comente la pregunta del día.

- Piense en algún problema que haya en el salón de clase, que necesite la atención del grupo, p. ej, no se limpia el área de bloques o que los niños deben esperar mucho tiempo para usar la computadora.

- Siga la orientación en la tarjeta.

Antes de hacer la transición a las áreas de interés, hable de la plastilina disponible en el área del arte y mencione cómo podrían usarla.

Hora de escoger

Al interactuar con los niños en las áreas de interés, dedique tiempo a:

- Orientar a cada niño sobre cómo integrarse a un grupo de niños que ya están jugando.

- Mostrarles cómo establecer contacto mediante una sonrisa, haciendo preguntas, ofreciendo ideas, haciendo comentarios positivos y ofreciendo algo para compartir.

Trabajar con plastilina y arcilla fortalece los músculos pequeños de las manos—que son los que los niños deben usar para escribir.

Lectura en voz alta

Lea el cuento *¡Qué montón de tamales!*.

- Use Hablemos de Libros 21, *¡Qué montón de tamales!,* y siga la orientación ofrecida en la tarjeta para realizar la segunda lectura en voz alta.

Grupos pequeños

Opción 1: Contar con rimas

- Use Enseñanza Intencional M13, "Contar con rimas", y siga la orientación ofrecida en la tarjeta.

Opción 2: Hacer rebotar y contar

- Use Enseñanza Intencional M18, "Hacer rebotar y contar", y siga la orientación ofrecida en la tarjeta.

Mega Minutos

- Use Mega Minutos 42, "Ven a jugar". Siga la orientación ofrecida en la tarjeta.

Reunión final

- Recuerde los eventos del día.

- Invite a los niños a hablar de lo que hayan hecho con plastilina durante la hora de escoger actividades.

Mini-estudio

Mini-estudio

¿Qué sonidos oímos en la escuela? ¿De dónde vienen?

	Día 1	Día 2	Día 3
Áreas de interés	**Arena y agua:** diversos recipientes de vidrio; colorante de alimentos; tazas para medir; embudo; cuchara; Enseñanza Intencional M44, "Agua musical" **Computadoras:** la versión electrónica de *Arroz para todos*	**Descubrimientos:** materiales con texturas que se usan para hacer sonidos, p. ej., papel arrugado (como el que viene en las cajas de chocolates)	**Música y movimiento:** distintas campanas (u otros instrumentos musicales) **Computadoras:** la versión electrónica de *Hoy: Pizza como quiera*
Pregunta del día	¿Saben cómo es el sonido que hace esto? (Muestre un objeto del salón o de la escuela que produzca un sonido).	¿Cuál creen ustedes que hace un sonido más fuerte? (Muestre dos fotos, p. ej., una de un bebé llorando y otra de un camión de bomberos).	¿Esto hace algún sonido? (Muestre una foto de un animal o de un objeto conocido).
Todo el grupo	**Canción:** "La, la, la" **Comentarios y escritura compartida:** ¿Qué sonidos oímos alrededor de la escuela? **Materiales:** Mega Minutos 100, "La, la, la"; pedazo grande de cartón o tela; objetos que hacen sonidos en el salón de clase	**Juego:** Cuento para oír **Comentarios y escritura compartida:** Elegir sonidos para investigar **Materiales:** Mega Minutos 86, "Cuento para oír"	**Rima:** "Aquel caracol" **Comentarios y escritura compartida:** Investigar sonidos **Materiales:** Mega Minutos 79, "Aquel caracol"; grabadora
Lectura en voz alta	*Arroz para todos*	*¡Qué montón de tamales!* (tercera lectura en voz alta)	*Hoy: Pizza como quiera* papel y marcadores para dibujar
Grupos pequeños	**Opción 1: Letras, letras, letras** Enseñanza Intencional LL07, "Letras, letras y más letras"; sellos de caucho del alfabeto; almohadillas de tinta; papel de construcción o letras magnéticas y un tablero imantado **Opción 2: Letras hechas en crema de afeitar** Enseñanza Intencional LL13, "Letras hechas en crema de afeitar"; crema de afeitar; delantales	**Opción 1: Letras, letras, letras** Enseñanza Intencional LL07, "Letras, letras y más letras"; sellos de caucho del alfabeto; almohadillas de tinta; papel de construcción o letras magnéticas y un tablero imantado **Opción 2: Letras hechas en crema de afeitar** Enseñanza Intencional LL13, "Letras hechas en crema de afeitar"; crema de afeitar; delantales	**Opción 1: La hora de comer** Enseñanza Intencional M01, "La hora de comer"; platos de papel o plástico; servilletas; utensilios; vasos; individuales **Opción 2: Vamos a pescar** Enseñanza Intencional M39, "Vamos a pescar"; una vara o carrete; cuerda; imán; tarjetas de peces; clips
Mega Minutos	Mega Minutos 13, "Simón dice"	Mega Minutos 76, "Es así"; objeto interesante; una bolsa	Mega Minutos 02, "Como el mío"

Día 4	Día 5	Dedique tiempo para…
Computadoras: audífonos y grabaciones de varios sonidos interesantes; la versión electrónica de *El hombrecito de jengibre*	**Música y movimiento:** materiales como recipientes vacíos que puedan ser usados como instrumentos **Computadoras:** la versión electrónica de *Un mundo de familias*	### Experiencias al aire libre **Ejercicio divertido** • Use Enseñanza Intencional P14, "Moviéndonos por el bosque", y siga la orientación ofrecida en la tarjeta.
¿Esto hace algún sonido? (Muestre una foto de un animal o de un objeto conocido).	¿Podemos hacer sonidos con esto? (Muestre un recipiente vacío).	### Colaboración con las familias • Invite a los parientes a unirse al grupo para caminar alrededor de la escuela el día 1 y el día 4 de esta semana. • Sugiera a las familias que lean y discutan con su niños la versión electrónica de *Arroz para todos*.
Canción: "La, la, la" **Comentarios y escritura compartida:** Investigar sonidos **Materiales:** Mega Minutos 100, "La, la, la"; Enseñanza Intencional LL45, "Dibujos de lo observado"; tablillas sujetapapeles y papel blanco; marcadores; instrumentos musicales	**Música:** "Patrones de palmadas" **Comentarios y escritura compartida:** Celebración de lo aprendido **Materiales:** Mega Minutos 26, "Patrones de palmadas"; tambores o palitos rítmicos; recipientes vacíos; objetos del salón que puedan ser usados para producir sonidos	### Experiencias sorprendentes • Día 1: Visita a un sitio para explorar sonidos alrededor de la escuela • Día 3: Entrevistar a alguien que sepa acerca de alguno de los sonidos oídos el día 1 • Día 4: Visita a un sitio para investigar de dónde viene uno de los sonidos oídos el día 1
El hombrecito de jengibre	*Un mundo de familias*	
Opción 1: Relatos dramatizados Enseñanza Intencional LL06, "Relatos dramatizados"; *El hombrecito de jengibre*; accesorios **Opción 2: Cuelga cuentos** Enseñanza Intencional LL33, "Cuelga cuentos"; *El hombrecito de jengibre*; suministros para laminar o papel adhesivo transparente; 6 pies de cuerda; pinzas; estrella de papel; papel en blanco; marcadores; bolsa grande sellable	**Opción 1: Relatos dramatizados** Enseñanza Intencional LL06, "Relatos dramatizados"; *El hombrecito de jengibre*; accesorios **Opción 2: Cuelga cuentos** Enseñanza Intencional LL33, "Cuelga cuentos"; *El hombrecito de jengibre*; suministros para laminar o papel adhesivo transparente; 6 pies de cuerda; pinzas; estrella de papel; papel en blanco; marcadores; bolsa grande sellable	**Niños que aprenden una segunda lengua** La investigación ha demostrado que los niños que están aprendiendo una segunda lengua y que tienen destrezas de lectoescritura sólidas en la lengua que hablan en el hogar, se desempeñan mejor en la escuela que aquellos que tienen un menor dominio de su lengua. Por lo tanto, anime a las familias a continuar hablando con los niños en su lengua para expandir el vocabulario, la comprensión de nuevos conceptos y las destrezas de conversación.
Mega Minutos 100, "La, la, la"	Mega Minutos 25, "¡Alto!"; música para bailar	

Mini-estudio

¿Qué sonidos oímos en la escuela?
¿De dónde vienen?

Vocabulario

Español: *sonidos*
Inglés: *sounds*

Todo el grupo

Rutina inicial

- Canten una bienvenida y hablen de quiénes están presentes.

Canción: "La, la, la"

- Use Mega Minutos 100, "La, la, la". Siga la orientación ofrecida en la tarjeta.

Comentarios y escritura compartida: ¿Cuáles sonidos oímos alrededor de la escuela?

- Hable de la pregunta del día.

- Explique, "Voy a hacer un sonido y ustedes deben tratar de descubrir qué podría ser. Escuchen con atención".

- Párese detrás de un cartón grande o de una pieza de tela para que los niños no puedan ver el objeto que use. Produzca varios sonidos del salón conocidos, p. ej., un toque de tambor, llaves tintineando, sonido de zapatos al caminar o rasgado de papel.

- Diga, "Esos son sonidos que oímos en el salón. ¿Qué son?

- Piense en voz alta, "Me pregunto qué sonidos oiríamos si caminamos alrededor de la escuela".

- Escriba las predicciones ofrecidas.

- Explique, "Hoy vamos a caminar alrededor de la escuela y a escuchar sonidos".

- Pregunte, "¿Qué debemos hacer para oír bien cuando estemos caminando?" (Hablar en voz baja y caminar despacio.)

- Pregunte, "¿Adónde creen que debemos ir a caminar para oír sonidos?" Cuando salgan a caminar, incluya las sugerencias de los niños.

Al caminar alrededor de la escuela, deténganse de vez en cuando y siéntense en algún sitio. Invite a los niños a describir los sonidos que oigan. Escriba las ideas ofrecidas. Sugiérales cerrar los ojos para concentrarse en lo que oigan. Si es posible haga una grabación de los sonidos escuchados.

Antes de hacer la transición a las áreas de interés, hable de la variedad de recipientes disponibles en el área de arena y agua y mencione cómo podrían usarlos para producir música.

Para obtener más información, consulte Enseñanza Intencional M44, "Agua musical".

Hora de escoger

Al interactuar con los niños en las áreas de interés, dedique tiempo a:

- Dirigir la atención de vez en cuando a los sonidos del salón.

- Usar Enseñanza Intencional M44, "Agua musical", y siga la orientación ofrecida en la tarjeta.

Lectura en voz alta

Lea el cuento *Arroz para todos.*

- **Antes de leer**, muestre la cubierta del libro y lea el título. Pregunte, "¿Ustedes comen arroz en su casa?"

- **Mientras lee**, pregunte, "¿Cómo comen el arroz? ¿Con palitos, con un tenedor, con los dedos o con una cuchara?"

- **Después de leer**, muestre la foto de los platos en la última página. Diga, "Todas estas comidas parecen muy ricas. Me pregunto qué sabor tendrán." Pregunte, "¿Alguna vez han probado el arroz cocinado de estas maneras? ¿Qué sabor tenía?" Diga a los niños que el libro estará disponible en la computadora.

Grupos pequeños

Opción 1: Letras, letras y más letras

- Use Enseñanza Intencional LL07, "Letras, letras y más letras", y siga la orientación ofrecida en la tarjeta.

Opción 2: Letras hechas en crema de afeitar

- Use Enseñanza Intencional LL13, "Letras hechas en crema de afeitar", y siga la orientación ofrecida en la tarjeta.

Mega Minutos

- Use Mega Minutos 13, "Simón dice". Siga la orientación ofrecida en la tarjeta.

> **Cuando los niños juegan "Simón dice", ellos practican lo que *no* deben hacer. Inhibir comportamientos es un aspecto importante de aprender auto-regulación.**

Reunión final

- Recuerde los eventos del día.
- Invite a quienes hayan hecho música usando agua y recipientes durante la hora de escoger actividades a hablar de lo que hayan descubierto.

Mini-estudio

¿Qué sonidos oímos en la escuela? ¿De dónde vienen?

Vocabulario

Español: *textura, misterio*

Inglés: *texture, mystery*

Consulte vocabulario adicional en Hablemos de Libros 21, *¡Qué montón de tamales!* (*Too Many Tamales*).

Todo el grupo

Rutina inicial

- Canten una bienvenida y hablen de quiénes están presentes.

Juego: Cuento para oír

- Use Mega Minutos 86, "Cuento para oír". Siga la orientación ofrecida en la tarjeta.

Comentarios y escritura compartida: Elegir sonidos para investigar

- Hable de la pregunta del día.

- Recuerde los sonidos que oyeron los niños al caminar el día anterior.

- Anímeles a recrear algunos de los sonidos que oyeron.

- Pregunte, "¿Cuáles de estos sonidos conocemos?"

- Haga comentarios a las respuestas ofrecidas, p. ej., "Así es, Luis, creo que tienes razón. Ese sonido de bocina que oímos en el patio probablemente era un carro."

- Diga, "Algunos de los sonidos que oímos ayer son un *misterio*. Yo no sé de dónde venían ni quién los hacía. Me preguntó qué podemos hacer para saber más sobre ellos".

- Pregunte, "¿De cuáles sonidos queremos averiguar algo más?"

- Escriba las ideas ofrecidas.

Esta experiencia se diferenciará bastante con base en los sonidos en la escuela y sus alrededores. Los ejemplos de sonidos para investigar incluyen los que producen la alarma de incendios, las máquinas adentro y afuera, el llanto de los bebés, el chirriar de llantas de autos al frenar o arrancar súbitamente o el golpeteo de martillos o el cepillado hecho por personas trabajando en construcción.

Antes de hacer la transición a las áreas de interés, muestre algunos de los materiales con distintas texturas, disponibles en el área de los descubrimientos. Explique, "Todos estos materiales tienen distintas *texturas*". Páselos alrededor para que los niños los toquen y pregunte, "¿Cómo podemos usar estos materiales para producir sonidos?" Invite al grupo a ir con usted al área de los descubrimientos para producir los sonidos.

Hora de escoger

Al interactuar con los niños en las áreas de interés, dedique tiempo a:

- Hacer preguntas que animen a los niños a experimentar produciendo sonidos, p. ej., "¿Qué ocurrirá si frotas el lado de este palo contra este cartón corrugado?"

- La capacidad de notar y reconocer sonidos se llama *reconocimiento del sonido*. El reconocimiento del sonido es un fundamento de la conciencia fonológica, que es la capacidad de distinguir unidades pequeñas de sonidos en el lenguaje hablado.

Lectura en voz alta

Lea el cuento *¡Qué montón de tamales!*.

- Use Hablemos de Libros 21, *Qué montón de tamales*, y siga la orientación ofrecida en la tarjeta para realizar la tercera lectura en voz alta.

Grupos pequeños

Opción 1: Letras, letras y mas letras

- Use Enseñanza Intencional LL07, "Letras, letras y más letras", y siga la orientación ofrecida en la tarjeta.

Opción 2: Letras hechas en crema de afeitar

- Use Enseñanza Intencional LL13, "Letras hechas en crema de afeitar", y siga la orientación ofrecida en la tarjeta.

Mega Minutos

- Use Mega Minutos 76, "Es así", y siga la orientación ofrecida en la tarjeta.

Reunión final

- Recuerde los eventos del día.
- Invite a quienes hayan experimentado con los sonidos en el área de los descubrimientos a hablar con el grupo de lo que hayan descubierto.

Mini-estudio

¿Qué sonidos oímos en la escuela? ¿De dónde vienen?

Vocabulario

Español: *entrevista*
Inglés: *interview*

Todo el grupo

Rutina inicial

- Canten una bienvenida y hablen de quiénes están presentes.

Rima: "Aquel caracol"

- Use Mega Minutos 79, "Aquel caracol" Siga la orientación ofrecida en la tarjeta.

Comentarios y escritura compartida: Investigar sonidos

- Hable de la pregunta del día.

- Explique, "Hoy vamos a *entrevistar* a alguien en nuestra escuela acerca de uno de los sonidos que oímos y del que queremos saber más."

- Diga, "Durante la entrevista podremos hacerle preguntas acerca de los sonidos."

- Recuérdeles el sonido. Si lo grabó cuando caminaron, tóquelo para que lo oigan otra vez. De lo contrario, describa el sonido y mencione en qué lugar de la escuela lo oyeron.

- Pregunte, "¿Qué le queremos preguntar a esta persona acerca de ese sonido?"

- Escriba las preguntas de los niños y las respuestas del visitante.

Antes de hacer la transición a las áreas de interés, hable de las campanas (u otros instrumentos musicales), disponibles en el área de música y movimiento, y mencione cómo podrían usarlos.

Hora de escoger

Al interactuar con los niños en las áreas de interés, dedique tiempo a:

- Observar a los niños mientras exploran las campanas u otros instrumentos en el área de música y movimiento.

- Hacerles preguntas que les animen a escuchar con atención los sonidos, p. ej., "¿Cuál de estas campanas suena más fuerte? ¿Cuál suena más suave?"

Lectura en voz alta

Lea el cuento *Hoy: Pizza como quiera.*

- **Antes de leer**, diga, "Imaginen que van a una pizzería como la del cuento. ¿Qué pizza pedirían? ¿Qué cosas ricas le pondrían?"

- **Mientras lee**, haga pausas para animar a los niños a completar con palabras que rimen.

- **Después de leer**, invite a los niños a dibujar pizzas graciosas. Escriba las descripciones que hagan y sugiérales escribir tanto como puedan. Pídales firmar sus nombres en sus dibujos y exhiba los dibujos en el área de biblioteca. Diga a los niños que el libro estará disponible en la computadora.

Grupos pequeños

Opción 1: La hora de comer

- Use Enseñanza Intencional M01, "La hora de comer", y siga la orientación ofrecida en la tarjeta.

Opción 2: Vamos a pescar

- Use Enseñanza Intencional M39, "Vamos a pescar", y siga la orientación ofrecida en la tarjeta.

Mega Minutos

- Use Mega Minutos 02, "Como el mío" Siga la orientación ofrecida en la tarjeta.

Reunión final

- Recuerde los eventos del día.
- Guíe una conversación sobre lo que aprendieron los niños acerca del sonido, lo cual fue comentado durante la entrevista de hoy.

Mini-estudio

¿Qué sonidos oímos en la escuela? ¿De dónde vienen?

Vocabulario

Español: *observar*

Inglés: *observe*

Todo el grupo

Rutina inicial

- Canten una bienvenida y hablen de quiénes están presentes.

Canción: "La, la, la"

- Use Mega Minutos 100, "La, la, la." Haga la versión creativa que está en el reverso, y dé a cada niño un instrumento para mantener el ritmo.

Comentarios y escritura compartida: Investigar sonidos

- Hable de la pregunta del día.

- Explique, "Hoy vamos a ir a un sitio a aprender más sobre uno de los sonidos que oímos al principio de esta semana".

- Si grabaron el sonido cuando caminaron, tóquelo para oírlo otra vez. De lo contrario, describa el sonido y mencione en qué lugar de la escuela lo oyeron.

- Pregunte, "¿Qué más queremos averiguar acerca de este sonido?" ¿Qué lo produce? ¿Este sonido tiene algún significado como peligro, alegría, hambre o que una máquina está funcionando? ¿Suena parecido a algún otro sonido que conozcamos?

- Escriba las respuestas ofrecidas.

- Consulte Enseñanza Intencional LL45, "Dibujos de lo observado", y siga la orientación ofrecida en la tarjeta para que los niños anoten información durante la visita al sitio.

Antes de hacer la transición a las áreas de interés, hable de los audífonos, disponibles en el área de las computadoras, y mencione cómo podrían usarlos para escuchar grabaciones.

Hora de escoger

Al interactuar con los niños en las áreas de interés, dedique tiempo a:

- Use, durante las conversaciones con los niños, términos descriptivos para hablar de los sonidos escuchados. Use términos como *fuerte, suave, agudo, grave, chirriante* y *tranquilizante*.

Lectura en voz alta

Lea el cuento *El hombrecito de jengibre.*

- **Antes de leer**, pregunte, "¿Quién recuerda el nombre de este cuento?"

- **Mientras lee**, haga pausas para animar a los niños a completar el texto repetitivo del cuento.

- **Después de leer**, diga, "El hombrecito de jengibre tiene facilidad para correr rapidamente". Pregunte, "¿Para qué cosas tienen facilidad?" Diga a los niños que el libro estará disponible en la computadora.

Grupos pequeños

Opción 1: Relatos dramatizados

- Use Enseñanza Intencional LL06, "Relatos dramatizados", y siga la orientación ofrecida en la tarjeta usando el cuento *El hombrecito de jengibre.*

Opción 2: Cuelga cuentos

- Use Enseñanza Intencional LL33, "Cuelga cuentos", y siga la orientación ofrecida en la tarjeta usando el cuento *El hombrecito de jengibre.*

> **Consulte *Volumen 3: Lectoescritura*, capítulo 3, para obtener más información relativa a relatar de nuevo cuentos.**

Mega Minutos

- Use Mega Minutos 100, "La, la, la" Siga la orientación ofrecida en la tarjeta.

Reunión final

- Recuerde los eventos del día.

- Invite a los niños a mostrar y comentar sus dibujos de lo observado con el grupo.

- Hable de lo que pueden aprender de cada observación.

- Recuérdeles que algunos de los sonidos que oímos en la escuela nos comunican información importante como la alarma de incendios o la canción que anuncia la hora de la limpieza.

¿Qué sonidos oímos en la escuela?
¿De dónde vienen?

Vocabulario

Español: *recordar*
Inglés: *remember*

Todo el grupo

Rutina inicial

- Canten una bienvenida y hablen de quiénes están presentes.

Música: "Patrones de palmadas"

- Use Mega Minutos 26, "Patrones de palmadas". Haga la versión de "patrón" que está en el reverso usando tambores o pallitos de ritmo.

Comentarios y escritura compartida: Celebración de lo aprendido

- Repase la información reunida por los niños durante la investigación de los sonidos oídos en la escuela.

- Invítelos a recordar algunos de los sonidos que hayan oído al caminar alrededor de la escuela. Pregunte, "¿Qué sonidos recuerdan?"

- Hable de la pregunta del día.

- Proporcione varios recipientes vacíos y otros objetos interesantes del salón con los cuales se puedan producir sonidos. Pregunte, "¿Cómo podemos usarlos como instrumentos para producir nuevos sonidos?"

- Invite a los niños a explorar los materiales de distintas maneras para producir distintos sonidos. Luego, sugiérales tocar los "instrumentos" en compañía y cantar canciones conocidas.

Antes de hacer la transición a las áreas de interés, explique que estos nuevos instrumentos estarán disponibles en el área de música y movimiento.

Hora de escoger

Al interactuar con los niños en las áreas de interés, dedique tiempo a:

- Ayudar a que los niños interpreten las emociones de otras personas. Diga p. ej., "Miren qué gran sonrisa tiene el rostro de Lucy. Eso quiere decir que está contenta porque ustedes compartieron con ella el tambor".

Lectura en voz alta

Lea el cuento *Un mundo de familias.*

- **Antes de leer**, recuérdeles que el libro se trata de las actividades que hacen distintas familias.

- **Mientras lee**, compare lo que hacen las familias del libro con lo que hacen los niños juntos en la escuela.

- **Después de leer**, dibuje un diagrama de Venn sencillo con dos círculos que se superpongan. Titule uno de los círculos, "Lo que hacemos con nuestra familia"; escriba en el centro, "Lo que hacemos en ambos lugares" y titule el otro círculo, "Lo que hacemos en la escuela". Repase las ideas del libro y pregunte, "¿Esto es algo que también hacemos en la escuela o es algo que sólo hacemos con nuestra familia?" Escriba cada idea en el lugar correspondiente en el diagrama de Venn. Diga a los niños que el libro estará disponible en la computadora.

Un diagrama de Venn es un dibujo que muestra relaciones entre conjuntos. El diagrama a menudo tiene dos o más círculos que se cruzan. El área sombreada, donde los círculos están unos sobre otros, muestra elementos que los conjuntos tienen en común.

Grupos pequeños

Opción 1: Relatos dramatizados

- Use Enseñanza Intencional LL06, "Relatos dramatizados", y siga la orientación ofrecida en la tarjeta usando el cuento *El hombrecito de jengibre.*

Opción 2: Cuelga cuentos

- Use Enseñanza Intencional LL33, "Cuelga cuentos", y siga la orientación ofrecida en la tarjeta usando el cuento *El hombrecito de jengibre.*

Mega Minutos

- Use Mega Minutos 25, "¡Alto!" Siga la orientación ofrecida en la tarjeta.

Reunión final

- Recuerde los eventos del día.

- Invite a los niños a hablar con el grupo de algo que hayan disfrutado durante la hora de escoger actividades.

Recursos

Cómo integrar las matemáticas todo el día

<table>
<tr><td>

Para más información sobre cómo integrar las matemáticas todo el día, vea *El Currículo Creativo para educación preescolar, Volumen 4: Matemáticas*

</td><td>

La llegada

Preparación del entorno

- Cree una planilla de asistencia (p. ej., *¿Quién está en la escuela? ¿Quién está en casa?*).

- Exhiba un cuadro escrito de los procedimientos para las rutinas (p. ej., lavarse las manos, ir al baño). Use números para indicar qué hacer primero, segundo, tercero, etc.

- Cuelgue instrucciones para las labores que se realizan en la clase, mostrando el uso de las matemáticas en formas que tengan sentido para los niños (p. ej., Alimentar al conejo: 1 puñado de heno, ½ taza de concentrado, 2 zanahorias y 1 taza de agua).

Interacciones

- Tenga conversaciones informales que faciliten el aprendizaje y el pensamiento matemático (p. ej., "Tu camiseta tiene un patrón interesante. ¿Puedes describirlo?").

- Hable con los niños sobre los procedimientos para realizar las rutinas y lo que deben hacer primero, segundo, tercero.

Reunión en grupo

Preparación del entorno

- Consulte la planilla de asistencia.

- Exhiba una "Pregunta del día" o "Problema de la semana" que se relacione con las matemáticas.

- Exhiba un horario diario que tenga ilustraciones y palabras.

- Exhiba un calendario semanal o mensual para documentar y haga notar los eventos importantes o días especiales.

- Prepare los materiales incluyendo los que sean visuales (p. ej., objetos manipulables, libros y accesorios relacionados, cuadros, carteles, fotos, CDs, o recortes de fieltro) para los conceptos matemáticos que desee presentar.

- Use títeres o accesorios con rimas y canciones.

Interacciones

- Consulte el horario durante el día. Hable sobre lo que vayan a hacer los niños *después* de la reunión en grupo, *antes* de almorzar, etc. Use los términos *mañana, tarde, primero, después* y *por último*. Comente los planes para *hoy*. Repase algo que el grupo hizo *ayer*. Use un gancho para sujetar ropa para indicar el momento actual del día y pídale a un niño que lo mueva al lugar apropiado durante el día.

- Dirija la atención de los niños a los acontecimientos que se aproximan o a los días especiales registrados en el calendario. Conversen o comenten lo que ocurrió *ayer* o lo que podría pasar *hoy* o *mañana*. Escríbalo en el calendario.

</td></tr>
</table>

Hora de escoger

Preparación del entorno

- Cree tableros para elegir las áreas de interés indicando el número de niños que podrían estar en un área a la vez.

- Organice los materiales de maneras que animen a los niños a separar y clasificar.

- Equipe todas las áreas de interés con materiales matemáticos.

- Añada libros apropiados relacionados con las matemáticas en cada área de interés.

- Agregue materiales de escritura, dibujo y construcción para que los niños puedan representar sus descubrimientos y aprendizaje.

- Exhiba instrucciones de paso a paso para usar el equipo (p. ej.,las computadoras) o llevar a cabo las rutinas diarias (p. ej., guardar los juguetes en un área).

- Agregue relojes de cuenta regresiva para que los niños puedan aprender a organizar el tiempo en alguna de sus áreas preferidas o con un juguete o juego nuevo.

Interacciones

- Hable con los niños sobre cuántos de ellos pueden estar al mismo tiempo en un área. Hablen sobre cómo pueden saber si hay espacio para otros niños.

- Deles ejemplo y "piense en voz alta" sobre cómo está usando un material nuevo, su método para resolver un problema o las maneras de recolectar y presentar informes de datos.

Grupos pequeños

Preparación del entorno

- Prepare materiales impresos y exhíbalos (p. ej., recetas, cuadros de canciones y rimas).

- Agregue accesorios, materiales de fieltro y tableros para recrear cuentos y relatos.

- Prepare materiales e implementos como objetos manipulables, CDs, juegos o materiales de escritura para realizar una actividad centrada.

Interacciones

- Hagan juegos matemáticos en el salón y al aire libre.

- Ofrezca experiencias de clasificar y graficar.

Hora de comidas y meriendas

Preparación del entorno

- Exhiba instrucciones de paso a paso para las rutinas (p. ej., lavarse las manos). Use números para indicar qué hacer primero, segundo y tercero.

- Incluya ayudantes para preparar la merienda y/o el almuerzo en el cuadro de labores (p. ej., para poner la mesa, repartir los implementos).

- Exhiba cuadros de las meriendas para que se sirvan ellos mismos y recetas con ilustraciones y palabras.

- Incluya vasos, cucharas y otros recipientes de distintos tamaños para que los niños aprendan sobre la medición, la capacidad y la cantidad.

Interacciones

- Lea los cuadros de las meriendas para servirse solos y las recetas. Ayude a los niños a contar, medir y seguir los pasos apropiados en el proceso de preparación. Use preguntas de respuesta abierta y comentarios mientras interactúan.

- Dirija la atención de los niños a las formas, los tamaños, las categorías y los patrones de los alimentos (p. ej., "Dallas, una naranja es como una pelota. Otro nombre para esta figura es una *esfera*. Miren en este melón el patrón de la cáscara. Vamos a describirlo... Ese pedazo de pepino parece un círculo. ¿Pueden encontrar otras figuras en la ensalada?").

Los momentos de transiciones

Preparación del entorno

- Piense por anticipado en canciones, rimas, cantos o juegos apropiados para usar con las matemáticas.

- Prepare los materiales necesarios para la actividad (p. ej., tarjetas con números, figuras geométricas).

Interacciones

- La medición (p. ej., "Háganse tan altos o tan bajos como puedan cuando caminen hasta el lavamanos").

- La clasificación (p. ej., "Si están usando algo verde, vayan con el Sr. Álvarez para leer un cuento").

El tiempo al aire libre

Preparación del entorno

- Proporcione instrumentos para medir (p. ej., tazas para el área de arena y agua; cuerdas o reglas para medir las plantas).

- Proporcione equipo como túneles, conos para el tráfico, pelotas y cajas.

- Proporcione materiales de escritura para que los niños los usen para registrar la información matemática.

Interacciones

- Use el vocabulario matemático al hablar sobre las maneras en que los niños se mueven y juegan.

- Anime a los niños a mirar y a dibujar objetos desde distintas perspectivas.

Tiempo para descansar

Preparación del entorno

- Cree una rutina para los períodos de descanso.

- Ponga música con un patrón melódico lento.

- Exhiba un reloj.

Interacciones

- Recuérdele al grupo las rutinas y patrones del período de descanso (p. ej., preparar el colchón, sacar la frazada, ir al baño).

- Ofrezca actividades tranquilas enfocadas en las matemáticas para los niños que no hacen siesta (p. ej., ensartar cuentas de distintos tipos, trabajar con bloques de patrones).

La salida

Preparación del entorno

- Consulte el horario diario y el calendario de eventos.

- Prepare materiales relacionados con las matemáticas para que los niños los lleven a casa y los usen con sus familias.

Interacciones

- Repase los eventos importantes que los niños deseen compartir con sus familias.

- Haga notar cómo se ve el reloj cuando es hora de regresar a casa.

Cómo integrar la lectoescritura todo el día

Para más información sobre cómo integrar la lectoescritura todo el día, vea *El Currículo Creativo para educación preescolar, Volumen 3: Lectoescritura*

La llegada

Preparación del entorno

- Cree una planilla de asistencia con tarjetas que tengan el nombre de cada niño.
- Pida a los niños y a los padres que firmen su tarjeta de asistencia cada día.
- Cree cuadros de tareas y de ayudantes. Incluya en ellos las instrucciones que los niños puedan necesitar para completar una tarea (p. ej., cómo cuidar a la mascota de la clase).
- Ponga a la vista una "Pregunta del día" y proporcione materiales para que los niños la respondan por escrito.
- Cree un tablero de mensajes para que los niños y las familias envíen y reciban notas.

Interacciones

- Converse informalmente con los niños y sus familiares.
- Interactúe con los niños para facilitar el aprendizaje del lenguaje (p. ej., hable con los niños, haga preguntas de respuesta abierta, juegue con los niños y demuestre comportamientos de lectoescritura).

Reunión en grupo

Preparación del entorno

- Cuelgue un horario diario que incluya ilustraciones y palabras, y consúltelo durante el día.
- Exhiba un cuadro con las palabras de la canción, el cuento o la rima que esté usando.
- Prepare tarjetas con nombres para usarlas durante las actividades en grupo.
- Tenga listos los libros y los accesorios relacionados que necesite para la hora del cuento.
- Tenga listos pliegos de papel grande y marcadores para la escritura interactiva.

Interacciones

- Pida a los niños que compartan noticias sobre eventos y experiencias importantes en su vida.
- Introduzca vocabulario nuevo cuando presente nuevas actividades, materiales y accesorios.

Hora de escoger

Preparación del entorno

- Cree tableros de opciones para las áreas de interés. Prepare las tarjetas de nombres de los niños para que puedan usarlas para indicar sus decisiones.

- Proporcione accesorios de lectoescritura para los juegos de los niños.

- Proporcione abundantes instrumentos de escritura para que los niños documenten su aprendizaje y sus descubrimientos.

- Cree hojas de inscripción para las actividades preferidas.

- Muestre ilustraciones llamativas en las áreas de interés para estimular la conversación y la escritura.

- Escriba y cuelgue reglas o instrucciones para usar materiales y equipo determinados y repáselas con los niños cuando sea necesario.

- Cuelgue instrucciones con ilustraciones y palabras para actividades de rutina como lavarse las manos, y pida que los niños las consulten.

Interacciones

- Hable y cante con los niños; haga preguntas de respuesta abierta; juegue con ellos; cuente cuentos de nuevo; demuestre formas de lectura y escritura; y dirija la atención a las letras, las palabras y otras características del lenguaje escrito.

- Haga que los niños noten las señales, los rótulos y otros materiales escritos en distintas áreas de interés. Hable acerca de las funciones de cada uno. Incluya a los niños en la creación de letreros o nuevos rótulos para las áreas de interés, durante el año.

Grupos pequeños

Preparación del entorno

- Prepare materiales de escritura para varias actividades, como cuadros de recetas, poemas, tarjetas con nombres y libros en blanco.

- Tenga disponibles pliegos de papel grande y marcadores para anotar las ideas de los niños.

- Tenga listos libros y accesorios para leer en voz alta, contar cuentos y contarlos de nuevo.

Interacciones

- Escriba con los niños (p. ej., cuadros, cartas a personas o listas).

- Invite a los niños a traer de su casa textos impresos del entorno y a leerlos.

Hora de comidas y meriendas

Preparación del entorno

- Escriba, revise y cuelgue el menú para el desayuno, el almuerzo y la merienda.

- Cuelgue instrucciones escritas para lavarse las manos y lavar los platos.

- Cuelgue recetas con ilustraciones y palabras si los niños van a preparar sus propias meriendas.

- Rotule los alimentos que los niños vayan a usar para preparar sus meriendas.

Interacciones

- Lea las recetas y los rótulos de los ingredientes, junto con los niños.

- Tenga charlas informales con los niños.

Los momentos de transición

Preparación del entorno

- Prepare tarjetas con nombres para usarlas cuando los niños se retiren hacia las áreas de interés.

- Piense con anticipación en canciones y rimas adecuadas.

Interacciones

- Use una variedad de juegos de lenguaje.

- Cante y recite rimas, versos rítmicos o juegos de dedos, tanto para señalar el comienzo de un momento de transición como para facilitar el aprendizaje mientras los niños esperan.

Tiempo al aire libre

Preparación del entorno

- Cree áreas que inviten a leer y a escribir.

- Proporcione materiales para que los niños escriban sobre sus experiencias al aire libre.

- Proporcione materiales para rotular las plantas.

- Integre señales que los niños podrían ver en otras partes de la comunidad (p. ej. , señales de tránsito, señales de salida y señales de peligro).

Interacciones

- Tenga charlas informales con los niños.

- Cante y recite rimas o versos rítmicos (p. ej., cuando los niños estén saltando a la cuerda o haciendo juegos de manos).

Tiempo para descansar

Preparación del entorno

- Ofrezca libros y materiales de escritura
  (p. ej., pizarras mágicas, tableros magnéticos de dibujo y pizarras) para los niños que
  no quieran dormir.

- Ponga música suave de sonidos ambientales (p. ej., sonidos del océano, el viento y
  la noche).

Interacciones

- Antes de que los niños vayan a descansar, lea en tono suave un cuento que los ayude
  a calmarse.

La salida

Preparación del entorno

- Prepare paquetes de lectoescritura para que los niños los lleven a casa y compartan
  con su familia.

- Escriba "Lo que hicimos hoy" en un tablero que se pueda borrar o en un cuadro
  fuera del salón de clase para que los familiares puedan comentar los acontecimientos
  del día con los niños.

Interacciones

- Hable sobre los acontecimientos del día. Escriba los hechos destacados en el
  calendario de la clase, un cuadro o un diario de la clase.

- Diga algo especial a cada niño cuando se despida.

Libros de literatura infantil

Además de los libros infantiles específicamente presentados en esta *Guía de enseñanza*, si quiere puede usar algunos de los libros infantiles en la lista siguiente.

Las abuelas de Liliana/Liliana's Grandmothers (Leyla Torres)

La abuelita de arriba y la abuelita de abajo (Tomie dePaola)

Amigos en la escuela (Rochelle Bunnett)

Los amigos en el trabajo y en el juego (Rochelle Bunnett)

Buenos días (Jan Omerod)

El camino de Amelia (Linda Jacobs Altman)

La cara de abuelito (Eloise Greenfield)

Compartimos ¡todo! (Robert Munsch)

Crisantemo (Kevin Henkes)

Cuadros de familia/Family Pictures (Carmen Lomas Garza)

¡Cuánta gente! ¿quiénes son? (Mariana Jäntti)

De padre a hijo/From Father to Son (Patricia Almada)

Un día con mis tías/A Day With My Aunts (Anilú Bernardo)

Eduardo: El primer día de colegio (Rosemary Wells)

En casa de los abuelos (Helen Oxenbury)

En las piernas de mamá (Ann Herbert Scott)

En mi familia/In My Family (Carmen Lomas Garza)

La escuela de Elizabeti (Stephanie Stuve-Bodeen)

Las empanadas que hacía la abuela/The Empanadas That Abuela Made (Diane González Bertrand)

Familia (Felicia Law)

Federico va a la escuela (Graciela Montes)

Los fines de semana veo a papá (Martina Baumbach)

Julius, el rey de la casa (Kevin Henkes)

Kiko en casa de los abuelos (Salva Lenam)

Llena de vida/Abuelita Full of Life (Amy Costales)

Luna, Lunita Lunera /Moony Luna (Jorge Argueta)

Maisy se va a la guardería (Lucy Cousins)

Me encantan los Saturdays y los domingos (Alma Flor Ada)

¿Me quieres, mamá? (Barbara Joosse)

Los meros meros rematero/Grandma and Me at the Flea (Juan Felipe Herrera)

Mi calle (Rebecca Treays)

Mi familia y yo/My Family and I (Gladys Rosa-Mendoza)

Mi mamá (Anthony Browne)

Mi papá (Anthony Browne)

Mis abuelitas son especiales (Jennifer Moore-Mallinos)

La muñeca de Elizabeti (Stephanie Stuve-Bodeen)

¡No quiero ir a la escuela! (Robie Harris)

Owen (Kevin Henkes)

Penélope en la escuela (Anne Gutman)

El pollo de los domingos (Patricia Polacco)

El primer día de colegio de David (Carmen Martin Anguita)

Un puñado de besos (Antonia Rodenas)

¡Qué nervioso! El primer día de escuela
(Julie Danneberg)

Sandia fría/Icy Watermelon
(Patricia Almada)

Ser vecinos (Maya Ajmera and
John D. Ivanko)

Sip, Slurp, Soup- Caldo, caldo, caldo
(Diane González Bertrand)

Somos primos/ We Are Cousins
(Diane González Bertrand)

Soy demasiado pequeña para ir al colegio
(Lauren Child)

Te quiero, niña bonita (Rose Lewis)

¿Tengo que ir a la escuela? (Pat Thomas)

Tres con Tango (Peter Parnell)

*El vecindario de Quinito/Quinito's
Neighborhood* (Ina Cumpiano y
José Ramírez)

*Xóchitl and the Flowers/Xóchitl, la niña de
las flores* (Jorge Argueta)

Recursos para los maestros

**Los recursos del maestro
dan información
adicional e ideas para
establecer y mantener
un programa de alta
calidad para educación
preescolar.**

*El aprendizaje de la lectura y la escritura:
Prácticas para el desarrollo infantil,*
(Carol Copple, Sue Bredekamp, & Susan
B. Neuman)

*Leer como por arte de magia: Cómo enseñar
a tu hijo a leer en edad preescolar y otros
milagros de la lectura en voz alta*
(Mem Fox)

*Educar en valores y aprender jugando:
Propuesta didáctica globalizadora para
educación infantil*
(Aurora Muñoz Sandoval)

*Intervención temprana: Ambientes naturales
para los niños* (DVD), www.naeyc.org

*La resolución de conflictos en el aula de
educación infantil* (Estela Flores Ramos)

Tesoros y colores
(Teaching Young Children magazine),
www.naeyc.org/tyc

Plan semanal

Semana: _________________________ Maestro(a): _________________________ Estudio: _________________________

	lunes	martes	miércoles	jueves	viernes
Áreas de interés					
Todo el grupo					
Lectura en voz alta					
Grupos pequeños					

Experiencias al aire libre:

Colaboración con las familias:

Experiencias sorprendentes:

Plan semanal, continuación

Reflexionar sobre la semana:

Cosas para hacer:

Planeación individual para el niño